從一國歷史
預視世界
的動向

極簡

希臘史

【監修】長谷川岳男
Hasegawa Takeo
村田奈奈子
Murata Nanako

楓樹林

前言

一趟認識希臘歷史的冒險

各位聽到「希臘」這個國家，首先會聯想到什麼呢？是雪白的石砌住宅配上碧海藍天的夏季度假勝地，是蘇格拉底、柏拉圖和亞里斯多德這些哲學家的名字，還是這個國家國民性懶散而且經濟狀況一直不好、是歐盟裡的包袱呢？其實大家對希臘的印象應該都不盡相同吧。

這本書想要幫助各位，從歷史的觀點稍微拓展一下原先對希臘抱持的印象。希臘這個國家雖然建立於十九世紀，但希臘世界卻是自古就已經在西洋歷史中一脈傳承至今。這句話或許令人費解，各位不妨先往下翻閱，來一趟認識希臘歷史的冒險之旅吧。

監修　長谷川岳男／村田奈奈子

歷史冷知識！

希臘的4大祕密

這些意想不到的史實，就要介紹給初次接觸希臘史的你！

Secret 1

希臘人活動超廣，甚至在伊比利半島建立城邦？

古希臘人的勢力範圍，遠比我們現在所知道的希臘領土還要更廣闊，曾在各地建造城邦作為軍事和貿易據點。城邦的範圍西至伊比利半島，東至黑海沿岸，因此古希臘文化才得以傳播到各地。

→詳情參照34頁

Secret 2

土耳其數一數二的世界遺產原本是座大教堂？

在土耳其最大的城市伊斯坦堡，有一座格外壯麗的阿亞索菲亞清真寺登錄為聯合國世界文化遺產，同時也是非常熱門的景點。其實，這座建築原本是建成基督教的大教堂，直到鄂圖曼帝國征服當地後，才將原本的建築改造成清真寺。

→詳情參照83頁

Secret 3

大英博物館的熱門展品
都是從希臘帶走的？

常設展隨時展出15萬件以上展品的大英博物館，其中又以「額爾金石雕」的參觀人數總是名列前茅。這一組大理石雕是發掘自雅典，但英國的伯爵未經許可便擅自搬運回英國，此後便一直由大英博物館收藏展示。

→詳情參照 127 頁

Secret 4

歐洲各國的志願兵
為了幫助希臘獨立而集結！

19世紀上半葉，希臘人為了追求獨立而起義，其中也有從歐洲不同國家前來馳援的各國義士。對當時的歐洲人來說，這無非是出自於他們對古希臘文明的憧憬和眷戀。

→詳情參照 136 頁

接下來，我們就來探索希臘史吧！

目次

〈聖迪米特里奧斯教堂〉

這裡作為塞薩洛尼基早期的基督教與拜占庭式建築群之一，現已登錄為聯合國世界文化遺產。

chapter 4 多民族帝國的一員

chapter 5 希臘國家的誕生

chapter 6 今日的希臘

祕密專欄

〈雅典的街景〉

照片最後方是有著帕德嫩神廟矗立的衛城山丘。

序章

歐洲文明的搖籃

二〇二一年七月，日本舉行奧林匹克・帕拉林匹克運動會（又通稱東京二〇二〇大會）。應該很多人都知道，這場全球性的運動盛事起源於古希臘吧。另外還有宙斯（Ζεύς）、雅典娜（Ἀθηνά）、海克力斯（Ἡρακλῆς）這些希臘神話裡的眾神，都成為各種文藝創作裡的題材，點綴夜空、自這些神話傳說命名的星座也廣為人知。

提到希臘，或許很多人都會聯想到奧運、神話、雅典的知名觀光勝地帕德嫩神廟，或是蘇格拉底（Σωκράτης）、阿基米德（Ἀρχιμήδης）等哲學家和科學家，以及以民為本的民主制度發祥地。可是，這些都是兩千多年以前的古希臘文化產物，後來的希臘經歷了什麼樣的歷史才走到今天的模樣，似乎鮮為人知。

其實，希臘這個獨立國家，大約成立於兩百年前，這才是我們現在能夠在地圖上找到的「希臘」。古希臘與現在的希臘並不一樣，如果要說它們的共同點，就像雖然有古代用語和現代用語的差別，不過人民使用的都稱為「希臘語」。

希臘的領土

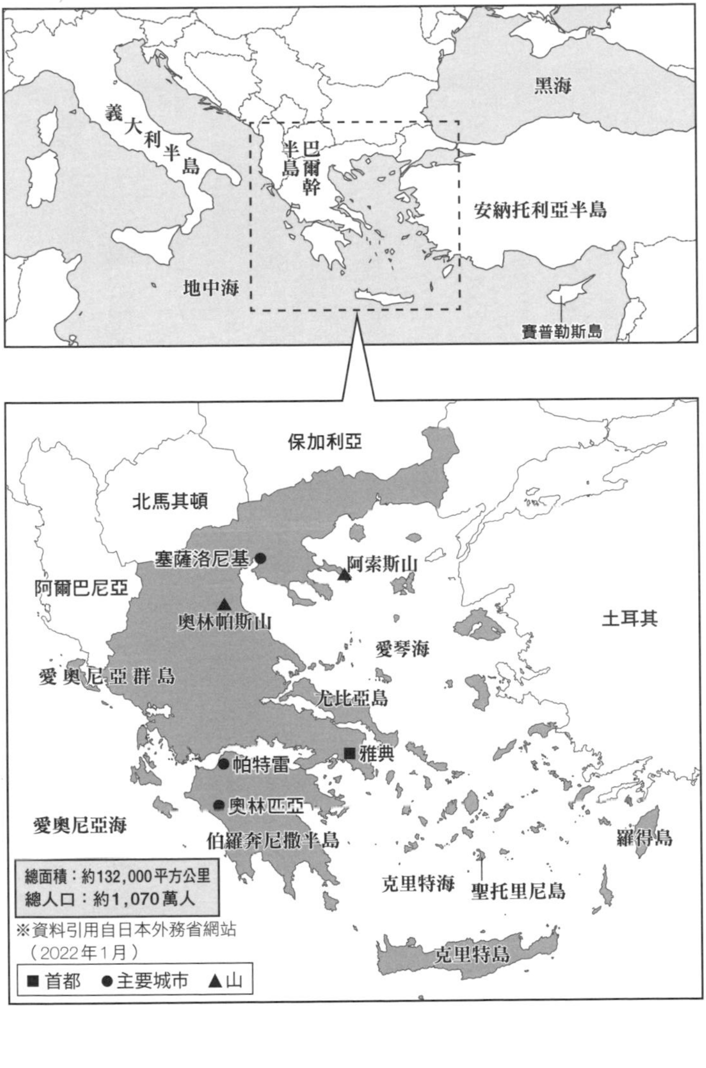

總面積：約132,000平方公里
總人口：約1,070萬人

※資料引用自日本外務省網站（2022年1月）

現在的希臘共和國，是以位處歐洲大陸東南部的巴爾幹半島南部為中心，擁有地中海上超過六千座島嶼的國家。但是，歷史上的希臘人的生活範疇與文化圈並不僅限於這個範圍。古希臘人的居住範圍，往西到現在的義大利共和國和法蘭西共和國，往東到現在屬於土耳其共和國的安納托利亞半島，還包括了非洲大陸北部等整個地中海地區，甚至遠至俄羅斯聯邦和烏克蘭所圍起的黑海沿岸，可以說希臘文化傳播到各個地方。

基於這個背景，希臘的歷史與整個歐洲的歷史有著密切的聯繫。實際上，源自古希臘的哲學、藝術、民主制度等都是歐洲文明的泉源。十九世紀的英國詩人珀西・雪萊（Percy Shelley）有句名言「我們（西方人）都是希臘人」，從這句話便可窺見其中深意。

那麼，我們就來看古希臘的歷史究竟走過什麼樣的軌跡，而現在的希臘又是如何成立，並發展至今吧。

chapter 1

愛琴文明

從外地傳入的文明

古希臘人並不認為是神創造了天地，而是相信大地和天空孕育了神，接著才孕育了人類。實際上，希臘的地形和氣候等自然環境，大幅影響了當地人民的文化和世界觀。

在這群被稱作希臘人的人出現以前，考古學家就已經發現巴爾幹半島南部與愛琴海各地，至少在二十萬年以前的舊石器時代前期，就已經有身為人類祖先的原人生活的痕跡。伯羅奔尼撒半島東北部的弗朗西洞穴當中，有從大約兩萬五千年前舊石器時代後期、到大約一萬年前的新石器時代，人類在這段期間斷斷續續居住過的痕跡，裡面遺留了精緻的石器，還有人類吃剩的魚骨。

現在的愛琴海上浮著數百座島嶼，然而在大約兩萬年前的冰河時期，這裡應該是一大片平原。從一萬三千年前左右開始，地球暖化結束了冰河時期以後，地表大量的冰融化成海，過去原本是山脈裡的山頂部分，都因此成了島嶼，所以海底經常可以發現早期人類（智人）的生存遺跡。

巴爾幹半島和愛琴海一帶屬於地中海型氣候，特徵是全年氣候偏暖，雨量較少，而且散布許多山丘和小島，不同於在大河和平原地帶繁榮發展的美索不達米亞文明和中國文明，這個地形並不適合從事農耕和大城市的建設。

既然環境條件不佳，那麼為什麼古希臘還能發展出文明呢？這是因為其他地區的高度文明，透過海上交通輸入進這裡。在美索不達米亞地區（現在的伊拉克部分地區）發展十分成熟的農耕技術，後來傳到了地中海沿岸，在新石器時代（約西元前七千～西元前三千年前）引進古希臘。

西元前三千年前到西元前兩千年前左右，青銅器的鑄造方法從西亞地區傳入地中海沿岸。人們開始使用容易加工的青銅製成堅固的刀具和農具後，農作物的產量便得以大幅提高。

同一時期，適合地中海氣候的橄欖與葡萄，栽種變得普及。這兩種作物再加上小麥，合稱「地中海三大農作物」。尤其是橄欖榨出的油和葡萄釀成的酒，還出口到安納托利亞半島和埃及。

以橄欖果榨成的橄欖油，是茄子肉醬千層盒及其他希臘料理不可或缺的材料；現在的希臘國內，橄欖油的消費量也是世界數一數二。

在史前文明的階段，早期便已發展出農耕和畜牧的西亞和埃及等古代近東文明圈，才是當時文明先進的地區。希臘透過海洋和這些地區交流，而逐漸形成早期的文明。

迷宮裡有怪物！

現在的希臘領土內第一個出現文明的地點，是愛琴海上最大的島嶼克里特島。這裡發現了從新石器時代以來的人類生活痕跡，從西元前二六〇〇年左右開始發展出文明。島內各地都建有村落，在西元前二〇〇〇年左右的中北部克諾索斯，還建有整齊規劃的宮殿。這座宮殿所在的克諾索斯遺址，是在一九〇〇年由英國考古學家埃文斯（Arthur John Evans）所發現。

克諾索斯遺址內設計有宛如迷宮般複雜的空間。根據希臘神話的記載，克里特島的統治者米諾斯（Μίνως），在這座迷宮裡關了一頭牛首人身的怪物米諾陶洛斯（Μινώταυρος）。忒修斯（Θησεύς）殺死了怪物米諾陶洛斯，沿著米諾斯的女兒阿里阿德涅（Ἀριάδνη）給他的絲線指引，成功脫離迷宮。

根據這則神話，可以推測宮殿的主人正是米諾斯，於是這個文明就稱作「邁諾亞文明」（※譯註：又譯作邁諾斯文明、邁諾安文明；在日本又特別賦予「克里特文明」的別稱）。

這座宮殿的迷宮構造，據說是源自位於克里特島南方的埃及。實際上，在中王國時期的埃及（約為西元前二一〇〇年～西元前一八〇〇年），

有將喪葬使用的設施前庭建造成迷宮的習俗。

此外，克諾索斯遺址裡發現了三種文字。一個是圖畫文字，類似古埃及神官使用的象形文字；另外兩個則分別稱作線形文字A與線形文字B。這些全都與後世所知的希臘字母截然不同，其中的線形文字A和圖畫文字一樣，至今未能解讀；而線形文字B在一九五三年已經確定字母對應的發音，得知其中的單字和文法，與西元前八世紀以後的希臘語共通。

線形文字B是以線形文字A為基礎所發明的文字系統，推測是使用線形文字B的族群進入邁諾亞文明圈，造成邁諾亞文明衰微。

證實傳說中的文明

進入克里特島、傳播線形文字B的外來族群，據信應該是生活在伯羅奔尼撒半島的族群。

各文明的推測範圍

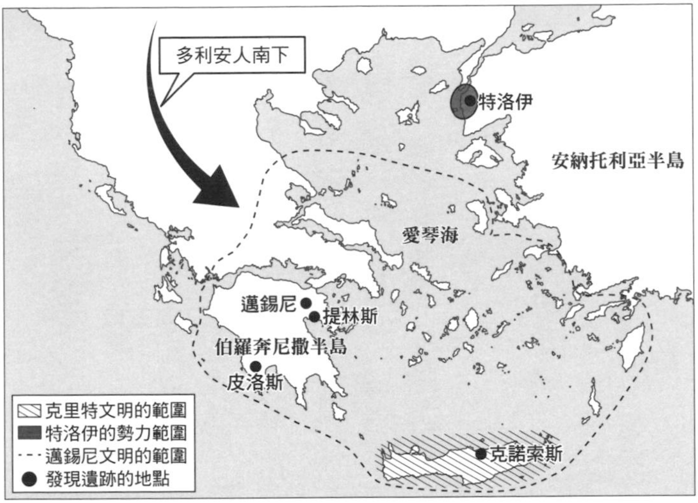

就在伯羅奔尼撒半島的邁錫尼，發現了西元前一六〇〇年左右的遺跡，因此這個遺址的文明便被命名為「邁錫尼文明」。

伯羅奔尼撒半島上不僅發現了提林斯和皮洛斯這兩個同一時代的都市遺址，就連克里特島上也有同一文明的痕跡，足見邁錫尼文明的勢力擴張範圍之廣。

幾乎在同一時期，安納托利亞半島西北部有個叫作特洛伊的城市。特洛伊遺址是在一八七一年，而邁錫尼遺址是在一八七六年開始發掘作業，皆由德國考古學家施里曼（Heinrich Schliemann）所發現。

少年時代的施里曼喜愛閱讀西元前八世紀成書的長篇史詩《伊利亞德》，史詩中描寫邁錫尼和特洛伊長達十年的戰爭（特洛伊戰爭）。在施里曼出生的十九世紀，對於西元前九世紀以前的希臘一無所知。不過，施里曼堅信《伊利亞德》描述的是史實，於是從事貿易並賺取足夠的資金後，親自指揮發掘作業，最終成功發現特洛伊和邁錫尼的遺址。

施里曼的發現令當時的人們大為震驚。前文提到的英國考古學家埃文斯，就是受到施里曼的啟發，才發現了克諾索斯遺址，證實邁諾亞文明的存在。

不同文明的統治結構

邁諾亞文明與邁錫尼文明，都是以愛琴海為中心建立，所以一般統稱為「愛琴文明」。愛琴文明的共同點，就是居住地區的中心都建造有大型宮殿。不過分析了宮殿的結構以後，考古學者發現克諾索斯的宮殿與其說是國王（統治者）的住居，從形跡看來，更像是人民為了舉行宗教儀式而聚集的廣場和糧食倉庫。由此推測，邁諾亞文明還沒有國王庶民等明確的身分階級之別，而是採行由村落的領袖主持宗教儀式，把收集到的農產品和工藝品分配給居民的體制。

從邁錫尼遺址中，可以發現宮殿是以權力人士起居的場所為中心所建成。當中還發掘出藏有黃金面具、寶石等豪華陪葬品的墳墓，可以推測當時應有坐擁龐大財產的統治階級存在。

而在皮洛斯遺址裡，發現以線形文字B寫成的邁錫尼文明時代的文件。從解讀的結果可以發現，當時的國王之下有官僚結構，同時也建立起各地必須將農產品等物品進貢給國王的制度；地方上也有農民、專業工匠等明確的職業分別。

除此之外，邁錫尼文明的遺址裡還發現了人物和動

物的側面線條畫。這個繪畫手法與埃及的圖畫非常相似，壁畫甚至還描繪了安納托利亞地區和埃及使用的馬戰車，可見與當時愛琴海島嶼上的居民有著頻繁的交流。

未有定論的殞落

邁錫尼文明雖然繁榮許久，卻從西元前一二〇〇年開始迅速沒落。從宮殿遺址可以發現這個時期有遭燒燬或破壞的痕跡，西元前八世紀以前出土的文物數量也大幅減少。這段為期約四百年的時間，在希臘歷史上就稱作「黑暗時代」。

這時，屬於希臘人其中一個分支的多利安人（又稱多利亞人）從巴爾幹半島北部南下，定居在伯羅奔尼撒半島、愛琴海群島與安納托利亞半島。同一時期，統治東地中海沿岸一帶的埃及新王國，和統治安納托利亞半島東部到現在敘利亞一帶的西臺王國也逐漸式微。這個時期的埃及文獻上，記載著這個時代有很多「海上居民」引發戰亂。但是文獻所說海上居民究竟是什麼樣的集團？目前仍不得而知。

邁錫尼文明的沒落，可能是因為遭到這群海上居民和多利安人侵略所致。可是這個說法並非現在學界的主流，確切的沒落原因尚未知曉。

當時位於安納托利亞半島的西臺，是領先其他國家早一步發展出製鐵技術的國家。西臺人在西元前一六〇〇至西元前一四〇〇年左右，憑著比青銅更堅固的鐵製武器和馬戰車向外擴張勢力範圍。隨著西臺人建立起的帝國在西元前一二〇〇年左右滅亡後，擁有製鐵技術的工匠流落各地。包含希臘在內，東地中海地區的各個民族都得以學習製鐵，並開始使用鐵器。

基於此背景，西元前一二〇〇年至西元前八世紀的希臘不再是黑暗時代，改稱「鐵器時代早期」。

當時的日本

在鐵器普及地中海沿岸的時期，日本正值繩文時代後期到晚期。相關代表遺跡有出土大型土偶的龜岡石器時代遺址和三內丸山遺址，並以「日本北部的繩紋史前遺址群」的名義，登錄為聯合國世界文化遺產。

耐人尋味的希臘偉人❶

建立起斯巴達城邦制度的國王

來古格士

Lykūrgos

（前9世紀～前8世紀）

嚴厲教育方針的奠定者

來古格士（Λυκοῦργος）是古希臘初創時期的希臘人，也是斯巴達的社會制度和軍事制度的建構者。然而有關他的確切生卒年並不詳，也有一說認為他並非史實人物。

根據歷史學家希羅多德（Ἡρόδοτος）所記錄的說法，來古格士曾周遊愛奧尼亞群島、克里特島和埃及等地，學習各國制度後返回故鄉斯巴達，在貴族的協助下平息政治鬥爭，投入法律的制定。相傳來古格士是在阿波羅神廟的所在地德爾菲得到神諭，才會建立起斯巴達的政治體制「大公約」。

大公約的主要內容，包含建造神廟，以及由兩位國王、元老院和公民大會共同統治國家。其他規章還包括重新分配土地以減少貧富差距、使用鐵製硬幣、體質虛弱不適合從軍的孩童一率拋棄，從許多方面約束城邦人民遵從嚴厲的改革方針。

chapter 2

古希臘

建立城邦

到了西元前八〇〇年左右，愛琴海沿岸建立了名為「城邦」的都市國家，從此以後，陸續有一千個以上的城邦興起、衰亡。城邦的人口大多是數百到數千人，面積在兩百平方公里以下。日本大阪市的面積大約是兩百二十五平方公里，所以城邦的面積稍微再小一點。順便一提，「政治」的英語politics，詞源就是城邦（polis）。

城邦以小山丘上的「衛城」為中心，由城牆圍起的市區與周邊的農地、放牧地所構成。衛城通常會設置供奉城邦守護神的神廟，市區的中心地帶則有一片讓人民舉行政治集會的廣場「阿哥拉」（Αγορά）。

在眾多城邦中，勢力格外龐大的是阿提卡地區的雅典，與伯羅奔尼撒半島上的斯巴達。

雅典這個名稱，源自當地視為守護神的女神雅典娜。雅典在全盛時期的西元前五世紀左右，面積是兩千五百五十平方公里（相當於日本神奈川縣），人口推測大約是二十萬人。雅典城邦的居民是自古就定居在這裡的古希臘人其中一支部族，當中一些人移居安納托利亞半島西部的愛奧尼亞，所以又稱作愛奧尼亞人。

根據傳聞，在西元前十三世紀，忒修斯號召一群人建造雅典城邦。忒修斯除了前文提到他打敗過米諾陶洛斯以外，在希臘神話中也描述了各種關於他的英勇事蹟。雖然我們不能確定歷史上是否真的有忒修斯這位統治人物，不過早期的雅典城邦的確是採行君主政體。

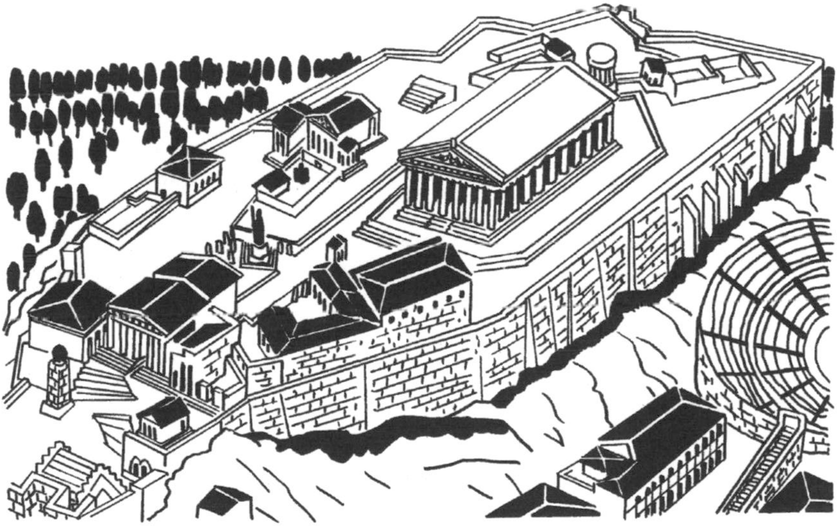

西元前八世紀左右，雅典出現了貴族階層，經由他們協議來實行政治。但因為並沒有關於這個時代的史料，所以真實性不得而知。在西元前六八二年，開始由從有力貴族中選出的「執政官」（意即指導者）統治人民。這群執政官包含了軍隊指揮官、立法人員與祭司等等，有各式各樣的職務。

民主政治的起源

大約從西元前十世紀左右開始，地中海沿岸的貿易活動變得相當活絡。希臘人在西元前八世紀以後也加入貿易行列，從西亞到北非的各地城邦，不僅從外地採購了貴金屬、木材、穀物等原料產品，同時也出口陶器、葡萄酒、橄欖油這些加工商品到其他地域。

透過商業和農作物的交易，各地城邦的富裕平民增加，得以對抗貴族並擴大政治勢力。另一方面，也有經商失敗而沒落的貴族。隨著工商業發達，劍、槍、鎧甲、頭盔這些武具的買賣也變得興盛，富裕的人民和自營農民都自掏腰包購買武器、武裝起來，開始保衛城邦的安全。人民組成的軍隊（重裝步兵）成為戰爭裡的主要戰力，因此人民在政治上的發言權愈來愈高。

長久以來，雅典一直沒有成文的法律，都是依照古時候的習俗來訂立刑罰和商業交易的規則，貴族會任意解釋法規、獲取利益。西元前六二一年左右，有力貴族德拉古（Δράκων）首度將法律明文化，貴族和平民皆適用同一套法律。這就稱作「德拉古法典」。

但是，貴族和平民之間的對立並沒有解決，所以在西元前五九四年，名門貴族梭倫（Σόλων）開始推動大規模改革。為了解決造成兩者對立的貧富差距，他撤銷了淪為貧困階層的人民的債務，並且不依家世、改成以財產將居民分成四個等級，根據等級規範參與政治的權限。此外，他還廢除了德拉古法典的絕大多數法條。這一系列的改革稱作「梭倫改革」。不過，梭倫改革也沒能解決貴族和平民的對立，社會依舊動盪。

在這個狀況下，梭倫的親戚庇西特拉圖（Πεισίστρατος），得到部分民眾的支持而成為「僭主」，在西元前六世紀掌握了雅典的實權。僭主是指利用貴族和平民之間的對立，煽動民眾、掌握軍事權力的獨裁統治者。庇西特拉圖計劃提高農民的地位，振興農業、工商業，壯大了雅典的國力。

西元前五二七年，庇西特拉圖死後，其子希庇阿斯（Ἱππίας）繼承了僭主之位。希庇阿斯起初也實施仁政，但在統治的後半期卻突然轉

為暴政，最終被逐出雅典。

希庇阿斯遭到流放以後，此後的雅典在曾經擔任過執政官的名門貴族克里斯提尼（Κλεισθένης）的帶領下，從西元前五〇八年開始實施改革。克里斯提尼將雅典的四個部族重新編制，改組成十個，並設置五百人會議，由各部族推派五十名代表所組成。不僅如此，克里斯提尼還建立起著名的「陶片放逐」制度，由居民投票、在陶片上寫下可能會成為僭主的人物名字，若該人物得到超過某個基準的票數，就會被逐出雅典十年。

這場「克里斯提尼改革」，可以說是奠定了雅典的民主政治基礎。雅典城邦的最高決議機關為公民大會，負責決議行政和外交等重大事務；公民大會的參加者，僅限十八歲以上的男性（五百人會議的年齡限制則是超過三十歲），女性和奴隸（戰爭俘虜和被征服地的人民）沒有參政權。不過，人民之間無關家世與貧富差距，人人皆平等。後來，雅典以外的許多城邦也都陸續從既有的君主或貴族共治政體，轉移為民主政體。

「希臘人」意識的萌芽

隨著城邦的建立，古希臘在地中海周邊各地建立起殖民城市，因此西元前八世紀中葉到西元前六世紀中葉，這大約為期兩百年的期間又稱作「大殖民時代」。古希臘人移居、建設城市的範圍其實非常廣大，以巴爾幹半島的東部為起點，西至伊比利半島、義大利半島和西西里島，南至北非，東至現在的安納托利亞半島，甚至延伸至黑海沿岸。

像是義大利半島的尼亞波利（現在的拿坡里）、南法的馬薩利亞（現在的馬賽）、博斯普魯斯海峽西岸的拜占庭（現在的伊斯坦堡）等地，都是由這個時期的古希臘人開拓、建設的都市。也有城邦內因政治鬥爭而外流的人口建立新都市，以及作為軍事目的或貿易據點而計劃建立的都市，

希臘人接觸形形色色的異邦民族時，也曾經統治過他們，或將之作為奴隸。於是，希臘人開始明確稱呼自己為「希臘人」（Ἕλληνες），並且將異邦稱作「蠻夷」

希臘的主要城邦

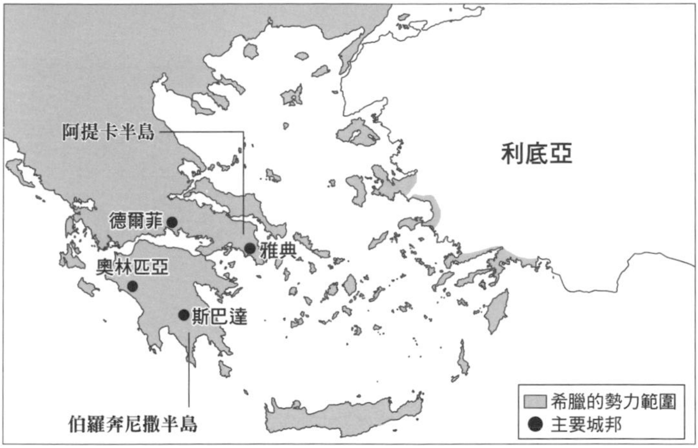

（βάρβαρος）。Ἕλληνες是取自希臘神話人類始祖杜卡利翁（Δευκαλίων）之子英雄赫楞（Ἕλλην）一名。Βάρβαρος則是指「一群不知所云的人」。

城邦之間經常發生戰爭，不過古希臘人之間都具備了使用相同語言的古希臘人意識。其實，現在的希臘共和國的正式英語名稱是「Hellenic Republic」，意譯即是「古希臘人共和國」。

那麼日語的「Girishia」這個名稱又是怎麼來的呢？根據其中一個說法，是從拉丁語地名「Graecia」轉音而成。英語稱作「Greece」，中文則是依照希臘語的發音譯成「希臘」。

象徵古希臘城邦彼此間的聯盟精神活動，正是奧林匹克運動會（又稱古代奧運，以便和現代的奧運區別）。這場盛會自從西元前七七六年首度召集後，每四年舉行一次，各個城邦的選手集結在伯羅奔尼撒半島西北部的奧林匹亞，舉行各項運動競技。奧林匹亞同時也是宙斯信仰的根據地，因此運動會本身即具有獻給宙斯的慶典意涵。

起初，運動會只有短跑這個競賽項目，後來才陸續加入了標槍、鐵餅、摔跤角力等這些項目。即使城邦之間發生戰爭，在當時也會在奧林匹克運動會的舉辦期間休戰的慣例。

在阿波羅信仰的中心地德爾菲，每四年會舉辦一次頌讚太陽神阿波羅的皮提亞競技會。由於阿波羅同時也是預言之神，所以來自各個城邦的人們會前來造訪其聖地德爾菲的神廟，祈求獲得神諭。這座神廟所在的德爾菲古代遺址，現今已登錄為聯合國世界文化遺產。

階級社會

古希臘人在城邦的生活，會因地區和時代差異而有各方面的不同，不過每個城邦基本上都維持市民、奴隸、居留的外國人等明確的身分區別制度。市民當中的富裕階層，在戰爭時期需要負擔購買武器裝備、軍船的資金，以及在神廟舉行宗教儀式的費用。

城邦的勞動人口大部分是農民、奴隸和居留的外國人，不過隨著城邦的規模擴大後，陸陸續續也跟著出現商人、專業匠師等多種職業。市場裡販賣著鮪魚、章魚、沙丁魚這些地中海的海鮮，以及葡萄、無花果等各種水果。順帶一提，現在地中海料理中經常運用的檸檬和番茄，其實是在十五世紀以降甚至更久之後才普及。古希臘城邦的市場上除了糧食、家具、衣服等生活用品外，也會販賣鮮花、化妝品、香水這些商品。

當時所有勞動都是依靠人力，農場、礦山、家庭都會雇用奴隸。奴隸是戰爭的俘虜，或是被征服的地區居民。而買賣交易的奴隸也很多。直到梭倫改革禁止買賣奴隸以前，甚至還有人民因為負債而成為奴隸。他們幾乎都從事粗活，但也有負責管理城邦、具備高度教養的奴隸。在西元前六世紀左右寫下《龜兔賽跑》、《北風與太陽》這些寓言的伊索（Αἴσωπος）原本就是奴隸。據說奴隸的比例，占了城邦的平均人口約百分之十五到四十。

嚴格的教育方針

古希臘眾多城邦當中，唯有斯巴達建構了獨樹一格的軍事社會。擁有公民大會參政權的合法男性市民，一滿七歲就必須離開父母，接受各式各樣的訓練，練就出一整年都可以只穿著一件披風生活的強壯身體，接受重視名譽的教育。後來這個教育模式時至今日轉變為「斯巴達式教育」一詞。斯巴達人之所以讓孩子小小年紀就開始接受如此嚴厲的教育，是為了因應人數是市民十倍以上的奴隸和被征服民發起的叛亂，所以才會格外注重軍事教育。

以斯巴達為首的多個城邦當中，從軍的男性市民都擁有莫大的權限，相較之下女性的地位很卑微。男性的平均結婚年齡為三十五歲以前，女性則大多足不出戶、一到十五歲就會在雙親撮合下結婚。

奠基於神話的史詩

前面稍微提到了宙斯、雅典娜、阿波羅等希臘神話中的眾神，這裡就來介紹一下這些神祇。

在有史以前，古希臘人就已經信仰各式各樣的神，祂們大多是將自然現象擬人化的神及其後代。主要的神以宙斯為首，有雅典娜、阿波羅、阿提米絲（Ἄρτεμις）等住在奧林帕斯山上的眾神，又稱作「十二主神」。其他還有宙斯之子珀耳修斯（Περσεύς）、海神波賽頓（Ποσειδῶν）之子特里頓（Τρίτων）等神祇和半神。

這些神祇和半神信仰分散於希臘各地，起源和傳說出現的時期也不盡相同。酒神與豐收之神戴歐尼修斯（Διόνυσος）是希臘本地的神，卻融合了北方色雷斯與安納托利亞半島西部的當地信仰神祇特徵，在城市忒拜（位於現在希臘底比斯）擁有眾多的信徒。

現在我們普遍熟知的星座，也有很多是起源於希臘神話中的角色和相關典故，像是獵戶座、仙后座、飛馬座等等。西元前三千年左右發源於美索不達米亞地區的天文學，以及將星星連接起來構成星座的命名方式後來傳入希臘，與希臘眾神結合後而成為現今的面貌。

追根究底，希臘神話並沒有明文記載的原典，是各地信仰的眾神和英雄事蹟自然而然地形成傳說，在彙整成書籍以前就已經傳誦許久。在西元前八世紀左右，描述特洛伊戰爭的《伊利亞德》成書。《伊利亞德》是希臘最大篇幅的史詩，作者是詩人荷馬（Ὅμηρος），不過當然無法確定現今流傳的人物肖象是否為真，甚至他是否為史實人物也無從知曉。

在《伊利亞德》成書後不久，也出現了描述英雄奧德修斯（Ὀδυσσεύς）在特洛伊戰爭後返回祖國旅程的史詩《奧德賽》。這也視為荷馬的作品，但亦有不同論調主張這是其他詩人的作品。《伊利亞德》和《奧德賽》被譽為古代兩大史詩。

西元前七百年左右，詩人海希奧德（Ἡσίοδος）寫下了整理眾神起源和譜系的長詩《神譜》。

西元前八世紀的希臘，隨著新都市的建設和貿易變得活絡，史詩及其他文藝創作也逐漸傳播開來。在這個時期，造成文藝興盛的背景有字母的普及。希臘字母是從「A／α」到「Ω／ω」總共二十四個字母組成（最早則有更多字母存在），這就是現代西歐從「A／a」到「Z／z」二十六個字母的原型。

與邁錫尼使用的線形文字相比，希臘字母的文字種類較少，容易記述。而希臘字母的原型是由居住於現在敘利亞和黎巴嫩沿岸附近的腓尼基人所發明的，腓尼基人在鐵器時代早期前往地中海各地，在賽普勒斯島和克里特島建立殖民都市，也會和希臘人貿易。因此，腓尼基文化也傳入了希臘，讓希臘開始使用字母。

強大的波斯軍來襲！

西元前六世紀下半葉，西亞的大流士一世（Δαρείος）統治的多元民族國家阿契美尼德王朝波斯帝國迎向全盛時期。

這個時期的阿契美尼德王朝疆域，是從安納托利亞半島東部涵蓋到埃及、印度河流域。作為城邦的對比，史學家往往把阿契美尼德王朝說成專制帝國，但事實未必如此單純。這個國家幅員廣大，共通語言不是只有身為統治民族的波斯人語言，還有在美索不達米亞等地大範圍使用的亞蘭語，受到統治的異邦民族只要繳納稅金，就可以保有自己的文化。國內整頓了名為「御道」的道路，還有透過騎馬中繼構成的驛站制度，資訊網也十分發達。

西元前六世紀中葉，阿契美尼德王朝的統治範圍向外拓展到了安納托利亞半島的西部。成為其統治區域的愛奧尼亞，原先就有希臘人建立的殖民都市，因此這個地區的城邦以米利都為中心團結起來，在西元前五世紀初起義對抗阿契美尼德王朝的

波希戰爭

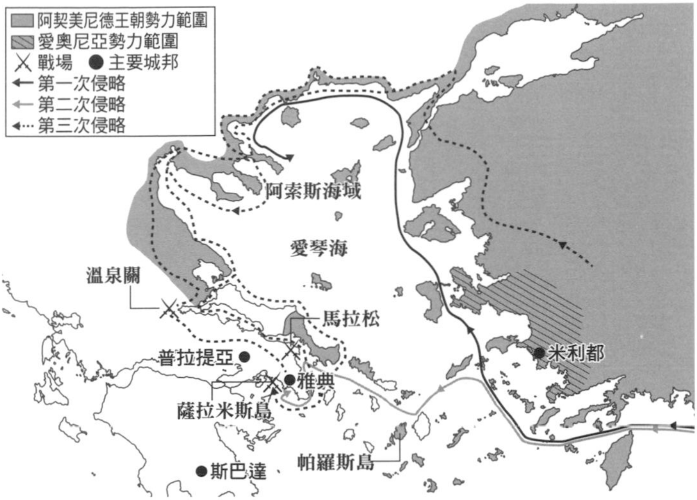

統治。原先計劃在愛奧尼亞拓展勢力的雅典自然也支援這場戰爭，可是卻在西元前四九四年遭到鎮壓。

阿契美尼德王朝三度侵略希臘，作為雅典支援叛亂的報復。這些戰亂統稱為「波希戰爭」。第一次發生於西元前四九二年，波斯海軍進軍雅典途中，在阿索斯海域遇難而撤退，所以希臘並沒有遭受嚴重的損失。

但是在西元前四九〇年九月，數萬波斯大軍登陸了雅典城邦附近的馬拉松。建議阿契美尼德王朝進攻馬拉松的人，就是早先被逐出雅典的希庇阿斯。阿契美尼德王朝的慣例是拉攏統治地區的有力人士並加以利用，原本是僭主的希庇阿斯打算藉由支援波斯的阿契美尼德王朝，重返雅典掌握權勢。

雅典和同盟普拉提亞聯軍大約有一萬人，對抗登陸馬拉松的敵軍。雅典軍的指揮官米太亞德（Μιλτιάδης）迅速部署了重裝步兵部隊，戰勝了波斯軍。

這時，傳令兵奔走宣告雅典勝利的消息，這個行動便成了馬拉松比賽的由來。不過這件事普遍被視為後世捏造的典故。

由於贏得馬拉松戰役的雅典軍立刻返回雅典鞏部防衛，使得從海上逼近雅典的波斯軍放棄進攻並撤退。

米太亞德雖是勝利的功臣，卻因為進攻倒戈阿契美尼德王朝的帕羅斯島失利，失去了原本的地位。之後，雅典經歷了親波斯派與反波斯派的政治鬥爭，反波斯派的領袖地米斯托克利（Θεμιστοκλῆς）掌握實權後，運用國內勞里昂銀礦賺取的資金，建造了一百多艘軍船、強化對波斯軍的防備。

希臘城邦聯軍對上波斯軍

希臘各地城邦為抵抗波斯軍的動向而團結起來。另一方面，波斯阿契美尼德王朝的大流士一世，卻在計劃再次舉兵進攻希臘之際猝然離世。大流士之子薛西斯一世（Ξέρξης）繼承父親的遺志，在西元前四八〇年再度率軍進攻希臘（兵力據說有數萬至數十萬不等）。

希臘陣營起初並沒有在各城邦的職責和兵力配置的方針上達成共識，無法採取有效的合作體制。同年八月，波斯軍來襲，其他城邦試圖避戰，而斯巴達國王列奧尼達（Λεωνίδας）帶領包含了三百名斯巴達人民兵的聯軍，在名為溫泉關的關口奮力阻擋波斯軍進攻，但幾乎全軍覆沒。這場溫泉關戰役成為展現斯巴達人勇猛的佳話，廣為傳頌。

後來，波斯大軍在進軍雅典的途中，地米斯托克利緊急疏散了城邦中無法參與作戰的老人、婦女和孩童，除此之外，他下令其他所有的市民通通都要搭上軍船，無一例外。

到了九月，波斯軍放火燒了無人的雅典城邦，許多軍船封鎖了近海。於是，地米斯托克散播假情報，把波斯海軍誘引進入薩拉米斯海峽，趁機一舉殲滅。波斯大軍的戰船無法在狹窄的薩拉米斯海峽行動自如，而另一方面，由職業士兵以外的市民組成的隊伍，則充分發揮希臘三列槳座戰船善於加速和小幅度轉彎的優勢，成為希臘勝利的主因。

這一年入冬後，波斯軍的陸軍仍繼續作戰，到了翌年，他們在普拉提亞敗給以雅典、斯巴達為首的城邦聯軍後，才

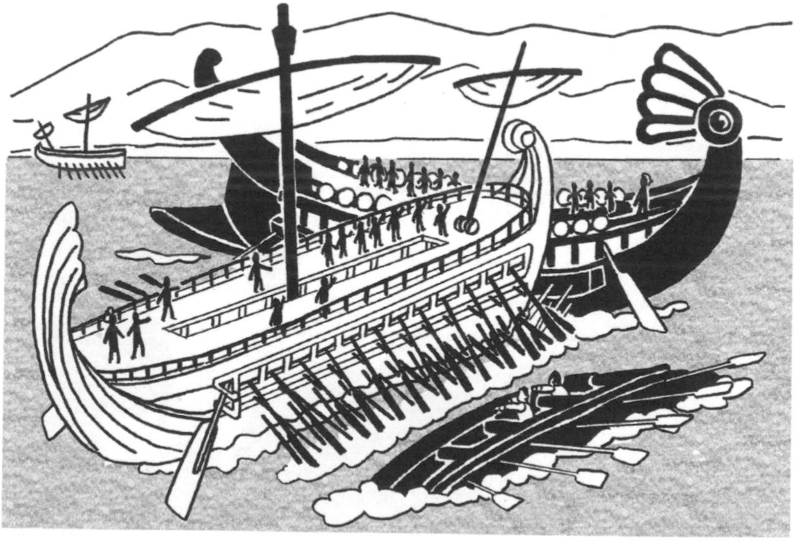

終於撤退。順便一提，立下薩拉米斯海戰戰功的功臣地米斯托克利，後來卻與雅典內部親斯巴達派對立，遭到陶片投票放逐。然而諷刺的是，他最後卻是在阿契美尼德王朝的庇護下度過餘生。

之後，希臘和阿契美尼德王朝仍持續對立。因此，希臘為了對抗波斯阿契美尼德王朝，在西元前四七八年以雅典為中心，成立了各城邦的軍事聯盟「提洛同盟」。這個名稱是因為收集聯盟中各個城邦提供的資金的金庫，就設立在愛琴海的提洛島上，後世才以此命名。

提洛同盟有許多來自愛琴海、愛奧尼亞等各個地區的城邦加盟，而叛變的城邦會遭到雅典嚴厲制裁，甚至會遭到侵略占領。

古雅典的黃金時代

擁有強大海軍的雅典城邦，獨攬提洛同盟的指揮權，逐漸強化對同盟中各城邦的影響力。西元前四五四年，提洛同盟的金庫從原先所在的提洛島，遷移到雅典的衛城；而同盟各城邦集結的資金，當中有六十分之一會以獻給女神雅典娜的名義，由雅典徵收。

擔任軍船操槳手的雅典市民，對於和阿契美尼德王朝的海戰等戰爭的勝利貢獻很大。當時一艘軍船需要一八〇名操槳手，兩百艘軍船就需要三萬六千人。他們大多是買不起武具又無法參加陸戰的下級市民，但是經過波希戰爭後，下級市民的政治發言權也提高了。

這時，掌握雅典實權的伯里克里斯（Περικλῆς），大幅擴張了下級市民的權利。即便是財產稀少的下級市民，擔任審判的陪審員、出席公民大會時也可以領到日薪，就任政治要職的機會也增加了。西元前四五一年，成立了公民權法，規定雙親非雅典人民者亦非合法公民。這個封閉的制度將母親來自國外的人民排除在政壇之外，卻加強了原生雅典市民的向心力。

西元前四四九年，波希戰爭正式結束。西元前五世紀的希臘史學家希羅多德，對波希戰爭的見解是「以雅典為中心的民主政治，對東方專制國家阿契美尼德王朝的勝利」。這種歐洲觀點的單方面解釋就這麼流傳後世，然而，從廣大的阿契美尼德王朝觀點來看，希臘是西方的邊境，並不是什麼非征服不可的地方。

兩大陣營爆發衝突

早在提洛同盟成立以前，從西元前六世紀中葉開始，斯巴達和同樣位在伯羅奔尼撒半島各地的城邦，便已經組成「伯羅奔尼撒聯盟」。提洛同盟成立之際，即展現出以雅典為中心的帝國姿態，於是，以斯巴達為中心的伯羅奔尼撒聯盟遂將雅典視為威脅。隨後，雅典與斯巴達從西元前四六四年起，就陸續牽扯附近的城邦，爆發衝突。不過，這些衝突並沒有發展成大規模的戰爭，雙方在西元前四四六年締結了三十年的和約。

但是，兩個陣營又再度發生對立，西元前四三一年，伯羅奔尼撒聯盟果斷與提洛同盟開戰，史稱「伯羅奔尼撒戰爭」。發生在西元前四四六年和約締結以前的戰爭，稱作第一次伯羅奔尼撒戰爭；發生在西元前四三一年以後者，稱作第二次伯羅奔尼撒戰爭。

當斯巴達軍來襲後，雅典市民和士兵據守在城牆內側。結果，市民在群聚導致衛生狀態惡化的城內紛紛感染瘟疫，瘟疫讓三分之一的居民病倒，領袖伯里克里斯也遭到感染，在西元前四二九年去世。即使如此，雅典仍繼續作戰，直到西元前四二一年與斯巴達簽訂和約。

西元前四一六年，雅典占領了不屬於任何聯盟的米洛斯島，殺害了島上所有的成年男性，將女性當作奴隸。順便一提，法國羅浮宮收藏的「米洛的維納斯」雕塑，就是一八二〇年在米洛斯島發現的文物。雕像的高度約兩公尺，推測是在西元前二世紀雕刻而成。

羅浮宮裡也收藏了「薩莫色雷斯的勝利女神」雕塑。長著翅膀的勝利女神尼姬（Νίκη）源自希臘神話，這座雕塑缺了頭部和雙臂，是在一八六三年於薩莫色雷斯

提洛同盟vs.伯羅奔尼撒聯盟

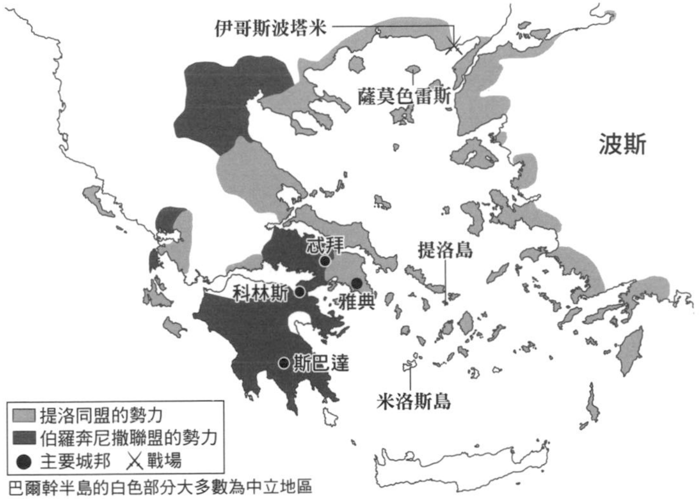

巴爾幹半島的白色部分大多數為中立地區

島上發現，推測也是雕刻於西元前二世紀。

緊接在米洛斯島之後，雅典隨後在西元前四一五年進攻西西里島，企圖擊潰島上的勢力；但是因為事前準備和當地的調查不夠充分，加上斯巴達的介入，導致雅典一敗塗地。提洛同盟內對雅典的蠻橫感到不滿的城邦，也趁著這個機會紛紛脫離同盟。

而且，斯巴達還與阿契美尼德王朝結為同盟，壯大了海軍，在伊哥斯波塔米戰役中對上雅典艦隊時大獲全勝，掌控了制海權。於是，失去補給路線的雅典有許多人餓死，掀起了是否應該繼續作戰的論爭。

西元前四〇四年，雅典終於投降，結束了伯羅奔尼撒戰爭。提洛同盟也隨著雅典戰敗而解散。

贏了戰爭卻陷入危機

贏得伯羅奔尼撒戰爭的斯巴達，將軍隊駐紮在雅典及曾隸屬提洛同盟的城邦，將這些地方納入統治範圍，掌握了整個希臘的霸權。但諷刺的是，斯巴達卻因為戰勝雅典而變得動盪不安。

斯巴達人民都是在禁欲、重視英勇的教育下長大，當金銀從他們占領的地區流入國內，親眼見識到豐富的生活和文化以後，他們便開始想要過著奢華的生活，導致軍紀混亂。

戰敗的雅典按照斯巴達的意思、廢除了民主政治，轉向由斯巴達支持的人們主持的寡頭政治（由少數人統治的體制）。但是，民主政治的支持者發起暴動，在西元前四〇三年恢復了民主政體。不過，伯羅奔尼撒戰爭讓許多原本支持民主政體的人民失去了穩定的地位和財富，因此並沒有出現像是克里斯提尼或伯里克里斯這樣有力的政治家。

斯巴達在伯羅奔尼撒戰爭中，曾經承認阿契美尼德王朝在安納托利亞半島的希臘城邦統治權，藉此換取軍援。然而戰爭結束後，斯巴達卻違背承諾，強化了在安納托利亞半島的統治。因此，阿契美尼德王朝便接近不滿意伯羅奔尼撒戰爭戰後處置的科林斯和忒拜，煽動它們發起反斯巴達戰爭。於是在西元前三九五年，爆發了科林斯戰爭。

在戰局持續僵持不下時，斯巴達將軍安塔西達（Ανταλκίδειος）拜訪阿契美尼德王朝，請求阿爾塔薛西斯二世（Ἀρταξέρξης）出面調停。因此在西元前三八六年，雙方簽訂了安塔西達和約（大帝和約），戰爭結束。根據這份和約，安納托利亞半島上的各個城邦失去自治權，由阿契美尼德王朝統治。

斯巴達在西元前三七一年與忒拜開戰，但一敗塗地。從此以後，忒拜便取代了斯巴達，成為希臘城邦中最大的勢力。

雅典也試圖恢復勢力，與各地城邦組成了第二次海上同盟。這不同於之前的提洛同盟（第一次海上同盟），並不會向城邦徵收資金，尊重各個城邦的自主性。

不過，當雅典開始深入干涉同盟成員的城邦內政以後，西元前三五七年，脫離同盟的城邦與雅典之間爆發同盟者戰爭。雅典經歷多次戰敗後，簽訂了承認各城邦獨立性的和約，使得雅典的影響力更加低落。

曾經五彩繽紛的希臘雕刻

西元前五世紀到西元前四世紀，發生了大規模的波希戰爭和伯羅奔尼撒戰爭，同時卻也是美術、文學、哲學、科學等領域繁榮發展的時代。以文化的區分來看，這段時期稱作「古典時代」，更早的西元前八世紀到西元前六世紀為「前古典時代」或「古風時代」。古風（Αρχαϊκή）在希臘語的意思為「舊式的」。

在美術方面，從大理石建造的神廟開始，建立了形形色色的建築和雕塑。建於各地的神廟柱子上，都可以找到幾個共同的特徵。初期的作品柱頭沒有裝飾，形狀簡樸，稱作多立克（多利亞）柱式。到了西元前五世紀左右，開始流行在柱子周圍雕刻二十四條凹痕、柱頭有漩渦狀裝飾的愛奧尼柱式。西元前四世紀以後，柱身偏細、柱頭有繁複雕刻的科林斯柱式則變得普及。

現在仍矗立於雅典衛城上的帕德嫩神廟，是為了紀念波希戰爭勝利，而在西元前五世紀建成。外面的柱子採用多立克柱式，但內部的柱子是愛奧尼柱式。建設當時使用的是提洛同盟的資金。

古希臘人認為，擁有美麗肉體的人都是受到神的眷顧，所以為了把這些肉體獻給神，大部分雕塑都是裸體。代表古典時代的雅典雕刻家菲迪亞斯（Φειδίας）也參與了帕德嫩神廟的建設工程，據說他還雕刻了奧林匹亞的巨大宙斯神像。然而，他的作品已全部佚失，現在並沒有留存。

大家可能都以為古希臘的建築和雕刻都是雪白的，其實，後世在發掘大理石建築和雕像時，早已知道這些作品都曾經上過色。實際上古希臘人身穿的衣服，都用了染成紅、藍等鮮豔色彩的布料。

與雕塑相比，僅有極少數的古希臘繪畫留存下來。不過，遺跡裡發現了大量畫作裡描繪的水壺器皿和陶器。畫作的主題還有眾神、英雄、動物、奧林匹克的運動選手、商人和農民的生活情景等等，非常多采多姿。

人民熱衷的娛樂活動

古希臘的民眾最大的娛樂就是戲劇。戲劇也是一種獻給神的宗教儀式。各地的城邦都建有觀眾席呈半圓形環繞的劇場，設計成連後排的位置也能清楚聽見的結構。

西元前四世紀，建於伯羅奔尼撒半島埃皮達魯斯的劇場，規模甚至大到可以容納一萬四千名觀眾。

波希戰爭時期在雅典活動的劇作家埃斯庫羅斯（Αισχύλος），以及後續出現的索福克里斯（Σοφοκλῆς）、尤里比底斯（Εὐριπίδης），並稱為三大悲劇詩人。

埃斯庫羅斯早期的作品《波斯人》，是站在波斯的立場描寫波希戰爭的悲慘，以及為陣亡者安魂的情景。後來出現以特洛伊戰爭為題材的三連劇《奧瑞斯提亞》，也是由埃斯庫羅斯所編寫。

索福克里斯知名的作品有描寫忒拜王室的《伊底帕斯王》，以及描寫邁錫尼王室的《厄勒克拉特》等等。尤其是《伊底帕斯王》描寫貴種流離（身分高貴的人流浪的故事）、弒父、戀母的主題，連後世的文學作品也廣為引用。

尤里比底斯的作品，有以建設雅典的忒修斯為題材的《希波呂托斯》、以神話中的魔女美狄亞為題材的《美狄亞》等作品。

另外也有喜劇作家，代表人物就是阿里斯托芬（Ἀριστοφάνης）。他的作品包括從女人立場出發，諷刺男人熱衷作戰的《利西翠妲》、諷刺伯羅奔尼撒戰爭後期的雅典領袖克里昂（Κλέων）的《騎士》等等。

詩歌也會改編戲劇公開表演。愛奧尼亞的抒情詩人阿那克里翁（Ἀνακρέοντος）關於戀愛、飲酒、年輕男女的詩歌，就對後世的詩人影響深遠。

現在的我們之所以能夠了解這些古希臘的事物和傳說，可以說是這個時代的歷史作家的功勞。尤其是西元前五世紀出生於安納托利亞半島西南部城邦的希羅多德，還被後世評為「歷史之父」。他不只限於希臘，也調查了埃及、美索不達米亞等各個地方，以故事的體裁彙整了西元前七世紀左右到波希戰爭這段期間的歷史，寫成《歷史》一書。西元前五世紀左右出身於雅典的修昔底德（Θουκυδίδης）也同樣以《歷史》為題，寫下伯羅奔尼撒戰爭的詳細過程（《伯羅奔尼撒戰爭史》）。

古希臘的哲學家

埃及、美索不達米亞、波斯這些地方的建築技術、天文學、曆法都傳到了希臘。

希臘人吸收了這些知識，同時反覆討論自然界的起源與人類的生存之道。

科學和哲學領域中最早期的人物，是西元前七世紀出生於愛奧尼亞米利都的泰利斯（Θαλῆς）。他主張構成世界和生命的萬物根源是水，除了研究曆法，定義一年等於三百六十五日以外，他還發現等腰三角形兩個角的角度相同，及其他圖形相關的許多定理。

泰利斯以後的學者，也探討了世界的成立和萬物的根源。在西元前五世紀到西元前四世紀出身於色雷斯的德謨克利特（Δημόκριτος），認為將所有物質分解後，最終會得到最小的單位「原子」（ἄτομος）。這就是英語的原子（atom）的詞源，正如各位所知，這個詞現在依然繼續使用。出生於愛琴海東部薩摩斯島的畢達哥拉斯（Πυθαγόρας），認為「數學」可以解釋萬物的根源，發現了多面體的構造及其他許多數學定理。同樣出身於愛琴海上科斯島的希波克拉底（Ἱπποκράτης），曾周遊希臘和安納托利亞半島各地，研究醫學和解剖學，奠定了西洋醫學的基礎，所以又稱作「醫學之父」。

雅典出身的蘇格拉底則是探討人類的內在。他認為人類的靈魂不變，強調認識自己、明白自己其實一無所知（無知之知）的重要性。但是，雅典市民認為他的思想會危害傳統價值觀和眾神信仰，而投票決議將他處死。蘇格拉底本身並沒有留下著作，是由學生記錄他的言行流傳下來。

蘇格拉底的學生柏拉圖（Πλάτων）提倡理型論，主張事物在可見的型態以外還有一個不變的理型，這個思想後來成為西洋哲學的基礎。柏拉圖為了青年教育而開設學院（Ἀκαδήμεια），英語中意指學術機構的「Academy」正是源自於此。

新興國家統一希臘

在城邦之間仍不斷抗爭的西元前四世紀，位於希臘北方的馬其頓王國（以下簡稱馬其頓）迅速壯大。西元前四世紀以前的馬其頓人被希臘人視為蠻夷，有力城邦絲毫不把它放在眼裡。直到西元前五世紀出現了轉機，當時的馬其頓國王亞歷山大一世（Ἀλέξανδρος Α'），自稱是希臘神話中的半神英雄海克力斯的後代，在參加奧林匹克運動會以後，便吸收了希臘的優秀制度、逐漸增強國力。

後來，在西元前三五九年即位的腓力二世（Φίλιππος Β'）的統治下，馬其頓大幅發展。腓力二世在少年時期，曾經作為人質留在忒拜好幾年，期間學會組織重裝步兵緊密擺出陣形的方陣戰法。他回國即位後，便將改良過的方陣導入馬其頓軍隊。馬其頓式的方陣在戰爭中發揮了強大的威力。而且，馬其頓不像其他城邦一樣只在戰爭時期讓臣民武裝，而是組織了常備軍，並且用國內生產的金銀來籌措維持軍隊的資金。

當軍備整頓好以後，馬其頓便計劃介入各城邦的對立，藉此擴張勢力。對此，雅典與忒拜結為同盟以對抗馬其頓，但在西元前三三八年的喀羅尼亞戰役中敗北。

當軍備整頓好以後，馬其頓便計劃介入希臘各城邦的對立，藉此擴張勢力。為了迎擊馬其頓，雅典與忒拜結為同盟以其抗衡，然而卻在西元前三三八年的喀羅尼亞戰役中敗北。

接下來，腓力二世企圖遠征波斯的阿契美尼德王朝，然而就在西元前三三六年，他還在籌備出征時，遭到懷恨在心的部下刺殺身亡。腓力二世的兒子亞歷山大三世（Ἀλέξανδρος Γ'）二十歲就登上王位。亞歷山大三世師從哲學家亞里斯多德及多名優秀的家庭教師，接受政治學、自然科學、醫學、哲學這些領域的英才教育。

亞歷山大三世繼承父親的遺志，在西元前三三四年率領馬其頓與希臘聯軍，開始向波斯進攻。

大帝的征服事業

亞歷山大三世率領的軍隊，在西元前三三三年十

當時的日本

在各城邦與馬其頓爭奪希臘霸權的西元前4世紀，水稻耕作的技術從大陸傳到日本。日本於1943年首度發現最早的水稻遺跡，出自西元1世紀、代表彌生時代後期的登呂遺址（靜岡縣靜岡市）。

一月的伊蘇斯戰役中大勝波斯軍，俘擄了當時統治阿契美尼德王朝的大流士三世（Δαρεῖος）的家人，接著繼續進軍，占領了埃及，掌控地中海的運輸路網。

西元前三三一年十月，打算反攻的大流士三世，在底格里斯河上游的高加米拉與亞歷山大三世決戰。馬其頓與希臘聯軍推測約有四萬七千人，波斯軍則有大約二十萬人（正確人數不詳），但亞歷山大三世巧妙地引誘敵軍集中兵力、一舉殲滅，贏得勝利。

翌年，亞歷山大三世占領了阿契美尼德王朝首都波斯波利斯，消滅了阿契美尼德王朝。

雖然阿契美尼德王朝滅亡了，但遠征尚未結束。亞歷山大三世還陸續征服了現在的伊朗、阿富汗、巴基斯坦地區。此外，他還在自己征服的土地，從埃及尼羅河口開始，波斯灣沿岸、中亞內陸等各個地方，建立了冠了自身名諱「亞歷山卓」的希臘風格都市。

這項征服大業之所以成功，絕對不是只歸功於亞歷山大三世的戰略和希臘人的素質，有阿契美尼德王朝整頓完善的御道和地方行政組織可以運用，也是其中一個因素，所以他才能在占領地得到大量的金銀財寶。

西元前三二七年，亞歷山大三世的軍隊穿越了印度河，但因長年戰事而疲憊不堪的士兵拒絕再行軍，於是軍隊開始返回西方。然而亞歷山大三世卻在回到巴比倫時染上熱病，於西元前三二三年六月去世。基於他生前的豐功偉業，後世便尊稱他為亞歷山大大帝。

亞歷山大三世死後不久，雅典及各

馬其頓王國的最大疆域

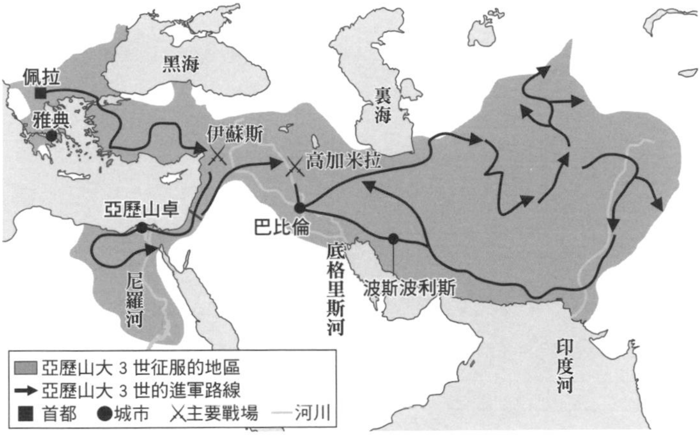

個城邦群起反抗馬其頓的統治，發起拉米亞戰爭。但是，這場起義遭到馬其頓軍鎮壓，雅典人民的參政權受到大幅限制，導致雅典失去民主政體。不過到了西元前三世紀，有埃托利亞同盟和亞該亞同盟崛起。

亞歷山大三世征服的廣大疆域，分裂成馬其頓安提柯王朝、敘利亞塞琉古帝國、埃及托勒密王朝這三個國家。這些王朝的王室祖先都是馬其頓人，王室和政權中樞都延續了希臘的文化和制度。

馬其頓王國的分裂（西元前3世紀下半葉）

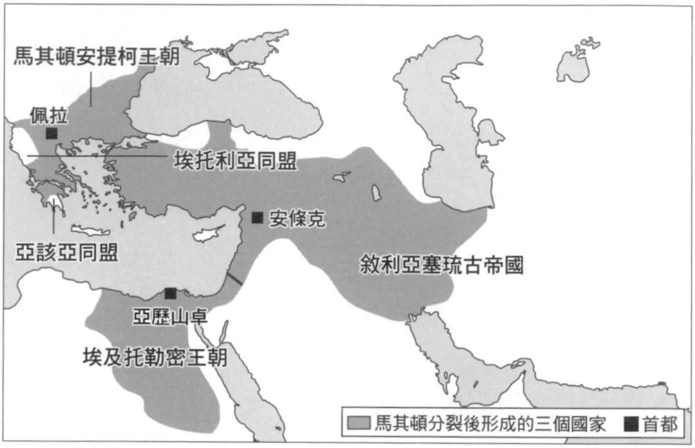

對後世的深遠影響

亞歷山大三世在征服各地的過程中，不僅和阿契美尼德王朝的公主結婚，還安排下屬的希臘軍人與波斯女性結婚。雖然有人出聲反對，但此舉也是為了讓希臘人順利地統治如此廣大的疆域。

在亞歷山大三世的政策下融合的希臘文化和近東文化，逐漸普及於廣大的疆域中。後來，十九世紀的德國歷史學家德羅森（Johann Gustav Bernhard Droysen），將這個時代命名為「希臘化時代」。

成為統治階級的希臘人，在地中海沿岸確立以希臘語作為共同語言。埃及托勒密王朝受希臘文化的影響最深，首都亞歷山卓還建造圖書館，收藏數量龐大的學術書籍。後世將亞歷山大三世的事蹟傳頌到西亞，在收錄中世紀以前的波斯和阿拉伯半島民間故事的《一千零一夜》中，他以「兩支角的亞歷山大國王」一名登場。

在希臘化時代，也有許多希臘人留下了不少學術成就。在亞歷山卓活動的數學家歐幾里得（Ευκλείδης），確立了幾何學的基本概念；同樣在亞歷山卓求學的阿基米德，發現了物體在水上的浮力相關定理（阿基米德原理）。薩摩斯島出身的天文學家阿里斯塔克斯（Ἀρίσταρχος），鼓吹地球繞著太陽運行的理論。

和阿里斯塔克斯同樣來自薩摩斯島的，還有哲學家伊壁鳩魯（Ἐπίκουρος）。伊壁鳩魯主張滿足欲望並非快樂，追求精神的平穩才是真正的快樂。這個學說得到很多人支持，形成了伊壁鳩魯學派。另一方面，出身於賽普勒斯島的哲學家芝諾（Ζήνων），則是提倡重視理性的禁欲學說，後來衍生為斯多葛學派。

耐人尋味的希臘偉人②

希臘早期的女詩人

莎芙

Sappho

（前610左右～前580左右）

因詩歌的才華被喻為女神

古希臘女詩人莎芙（Σαπφώ）也被認為是歐洲歷史上早期的女性文學家之一。

有一說認為她出生於愛琴海列斯伏斯島（Λέσβος）的名門貴族之家，和富有的男性結婚、生下女兒，但很早就與丈夫死別。之後，她設立了教導年輕女性詩歌和音樂的學校，也和同樣出身於列斯伏斯島的知名詩人阿爾卡埃烏斯（Ἀλκαῖος）交流。

據說莎芙奠定了押韻的四行詩體裁，古希臘文學家之間引用了九位主司詩歌和音樂的女神謬思之名，將她比喻為「第十位謬思」。

她除了頌讚美麗女神阿芙蘿黛蒂（Αφροδίτη）的長篇詩作《阿芙蘿黛蒂頌》以外，僅有極少數的作品流傳至今。不過，法國詩人波特萊爾（Charles Baudelaire）及許多後世的文學家，都對莎芙的文采有極高的評價。

chapter 3

從羅馬到拜占庭

建於地中海西部的新興國家

亞歷山大三世去世後，西元前三世紀至西元前二世紀有許多城邦臣服於馬其頓，仍保有獨立自治。其中，亞該亞同盟隸屬於馬其頓，埃托利亞同盟則與其對立。

約在此時，羅馬王國以義大利半島和西地中海為根據地，急速擴大勢力。根據傳說紀載，西元前七五三年，繼承特洛伊英雄艾尼亞斯（Αἰνείας）血統的雙胞胎兄弟羅穆盧斯（Romulus）和瑞摩斯（Remus），最早建立起羅馬城。

希臘人曾在義大利半島，建立尼亞波利（現在的拿坡里）和塔拉斯（現在的塔蘭托）等殖民都市，所以羅馬人很早就已經接觸過希臘的文化和政治制度。羅馬起初採取君主政體，但在西元前六世紀末改為共和政體，促進平民對政治的參與。在西元前三世紀左右，擔任軍隊重裝步兵的平民也開始有了政治影響力。

在此同時，地中海南岸的腓尼基人建設的殖民都市迦太基繁榮發展，其勢力範圍從非洲北部涵蓋到伊比利半島。羅馬將這個地區的腓尼基人稱作布匿，雙方從西元

地中海沿岸地區（西元前3世紀上半葉）

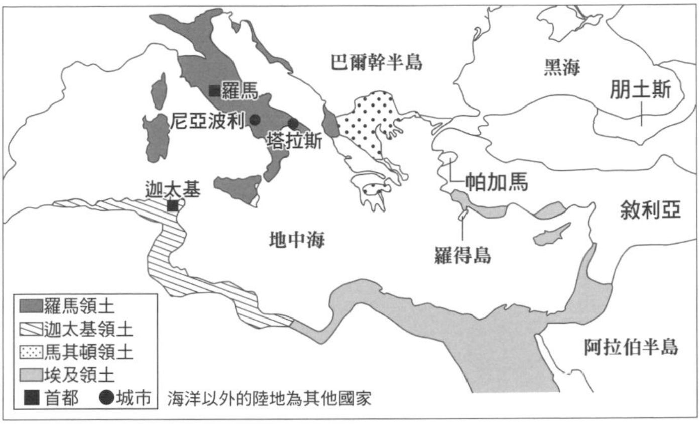

地中海沿岸地區（西元2世紀）

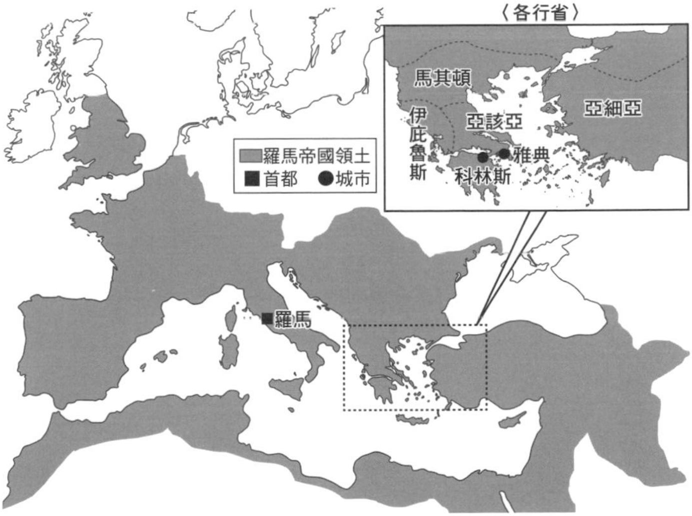

前二六四年開始斷斷續續爆發了三次戰爭（布匿戰爭），爭奪地中海西部的霸權。

在第二次布匿戰爭時期，馬期頓國王腓力五世（Φίλιππος E）與迦太基的軍隊主帥漢尼拔（Hannibal Barca）結為同盟。在西元前二一四年，馬其頓和羅馬爆發了第一次馬其頓戰爭。這時羅馬軍正集中兵力對戰迦太基，所以雙方在西元前二〇五年簽訂和約。

西元前二〇〇年，受到馬其頓威脅的帕加馬王國和羅得島等希臘化國家，向羅馬請求支援，於是爆發第二次馬其頓戰爭。羅馬軍在西元前一九七年擊敗馬其頓，翌年宣布希臘人得以自由自治，令眾多希臘人歡欣鼓舞。但是，各個城邦並沒有完全恢復自治，而是「在羅馬的保護下擁有自由」。

西元前一七一年，恢復國力的馬其頓與羅馬爆發了第三次馬其頓戰爭。然而在西元前一六八年的彼得那戰役中，馬其頓敗給羅馬，因而滅亡。西元前一四九年，自稱是馬其頓王室末裔的安德里斯庫斯（Ανδρίσκος）率領軍隊與羅馬軍作戰，翌年羅馬勝利（第四次馬其頓戰爭）。

羅馬軍勝利後，在西元前一四六年，將馬其頓以及現在希臘中部與東部地區設置行省（馬其頓行省），由羅馬人擔任總督，納入羅馬政權。同一時期，羅馬也完全壓制了迦太基，取得地中海的霸權。

在強大的羅馬統治之下，許多貿易船隻航行地中海，商業十分興盛。西元前二世紀到西元前一世紀，雅典及周邊阿提卡地區鑄造的貨幣在東地中海廣泛流通。

羅馬共和的代表思想家西塞羅（Marcus Tullius Cicero），就曾在青年時期遊學雅典和羅得島，後來寫下《論共和國》、《論演說家》等政治思想著作。

羅馬政權下自治

雖然羅馬掌握了地中海霸權，但抗拒羅馬的勢力依然不少。其中大多是從希臘人的殖民都市發展而成的國家和希臘化王國。例如靠黑海南岸的本都王國，雖然王室並非希臘裔，但自古就有許多希臘移民定居在這裡。西元前八八年，本都王國的國王米特里達梯六世（Μιθριδάτης Ευπάτωρ Διόνυσος）為了排除羅馬的影響力，殺死居住在安納托利亞半島周邊的羅馬人，於是兩國爆發了米特里達梯戰爭。

各個城邦對於兩陣營的立場壁壘分明。雅典始終支持本都王國，忒拜則是一開始支持本都、中途卻倒戈羅馬。雅典的態度激怒了羅馬軍，於是執政官蘇拉（Lucius Cornelius Sulla）親自率軍攻打雅典，大肆破壞雅典城鎮。

儘管米特里達梯六世頑強抵抗，但仍在西元前六六年敗給羅馬將軍龐貝（Gnaeus Pompeius），自殺身亡。雖然本都王國依然存續，但在一世紀併為羅馬的行省。

西元前六四年，羅馬征服了敘利亞塞琉古帝國。另一方面，埃及托勒密王朝的女王克麗奧佩脫拉七世（Κλεοπάτρα Φιλοπάτωρ）與羅馬執政官凱撒（Gaius Iulius Caesar）結為同盟，以維持國家獨立。西元前四四年，凱撒遇刺後，繼承人安東尼（Marcus Antonius）接近克麗奧佩脫拉七世。但是安東尼與凱撒的養子屋大維（Gaius Octavius Thurinus）對立，雙方在西元前三一年爆發亞克興戰役，安東尼敗北。翌年，克麗奧佩脫拉七世自殺，托勒密王朝滅亡。

之後，屋大維獲得羅馬元老院頒發的奧古斯都（至尊）稱號，從此以後，羅馬在奧古斯都的帶領下，先是經歷元首制，後轉為帝制。在東地中海已所向無敵的羅馬帝國，得到埃及豐饒的穀倉地帶，發展更加繁榮。

以伯羅奔尼撒半島為中心的地區，羅馬帝國的亞該亞脫離馬其頓行省，自立為一省。雅典和斯巴達這些主要城邦，獲得獨自鑄造貨幣的特權。至於羅馬人，則是在希臘人居住的地區擴大了殖民活動。

皇帝也著迷的希臘文化

一世紀中葉，基督教在東地中海逐漸普及。基督教的創立者耶穌（Yeshua），出生於羅馬帝國的猶太行省（現在的以色列），鼓吹改革當地信仰的猶太教。這些教諭在耶穌死後開始稱作基督教，初期的門徒保羅（Paulus）從伯羅奔尼撒半島展開傳教之旅，在羅馬帝國境內布道。這時，他使用的是從希臘化時代以後就成為地中海各地共通語言的希臘語。

在羅馬，信仰唯一神祇的基督教並沒有廣為民眾接受。在西元五四年登基的羅馬皇帝尼祿（Nero），還將羅馬發生的大規模火災（羅馬大火）歸咎於基督教徒，發起鎮壓基督徒的行動。同時，尼祿又深深著迷於古希臘文化，參與奧林匹亞運動會及各地的慶典。尼祿下令在科林斯灣開鑿連接愛琴海與科林斯湖的大型運河，但他最後因叛亂暴動而被迫自殺，導致工程停擺。

一世紀末到二世紀的羅馬帝國，在涅爾瓦（Nerva）到馬可・奧理略（Marcus Aurelius）這五位皇帝（五賢帝）的治理下迎向全盛時期。這段期間，除了羅馬帝國疆域的東方和邊境地區以外，都沒有發生大規模戰爭，維持了長久的和平。西元一一七年登基的五賢帝之一哈德良（Hadrianus），重建了各地老朽損壞的神廟，雅典的奧林匹亞宙斯神廟就是完成於這個時期。

在這段時期，來自奇羅尼亞的作家普魯塔克（Πλούταρχος），寫下了比較論述古希臘和羅馬偉人的《希臘羅馬名人傳》；皇帝馬可・奧理略受到哲學家芝諾創立的斯多葛派禁欲思想的強烈影響，而寫下了《沉思錄》。活躍於二世紀的醫學家蓋倫（Κλαύδιος Γαληνός）為希波克拉底的醫學知識建立體系，也獲得很高的讚揚。

承認基督教

到了三世紀左右，氣候持續變得寒冷，世界各地的農業產量下降。在這個背景下羅馬帝國不僅稅收減少、難以維持軍隊，各地總督和軍官勢力也都逐漸壯大，造成政治動盪。軍隊發起政變，接連擁立皇帝的二三五年到二八四年，這段期間就稱作軍營皇帝時代。

這個時期不僅有瘟疫大流行，東地中海一帶又經常遭到來自東方、以哥德人為首的日耳曼各民族侵略。羅馬帝國的社會動盪逐漸擴大，導致底層人民越發渴望信仰的救贖，於是皈依基督教的人數不斷增加。

二八四年登基的皇帝戴克里先（Diocletianus）採取四帝共治制，將帝國疆域東西分割，分別由正帝與副帝統治。這是戴克里先為了因應地方叛亂與異邦入侵的制度，卻導致帝國中樞和軍事據點分散四個地區，大幅降低首都羅馬的重要性。

身為東羅馬皇帝的戴克里先極力迫害基督教徒，但是在他去世後，西羅馬皇帝君士坦提烏斯一世（Constantinus I），與帝國內多位皇帝的其中一名有力人士李錫尼（Licinius），共同在三一三年頒布了敕令（米蘭敕令），宣布基督教的合法性。

君士坦提烏斯一世後來打敗李錫尼等有力人士，成為帝國唯一的皇帝，在拜占庭建立了新城市以紀念他的勝利。他不僅將這座城市命名為「君士坦丁波利斯」（意即「君士坦丁的城市」），還將之定為帝國的東方首都。這座城市又稱作「新羅馬」（Nova Roma），後來以「君士坦丁堡」一名廣為人知。

君士坦丁堡距離帝國境內最大的穀倉地帶埃及相當近，也作為對抗東方異邦的前線基地，地位非常重大。君士坦丁波利斯成為首都以後，羅馬帝國的重心便向東移，促進了希臘文化與羅馬文化、基督教的融合。

羅馬帝國四帝共治

君士坦提烏斯 1 世重新統一羅馬帝國

東西羅馬帝國

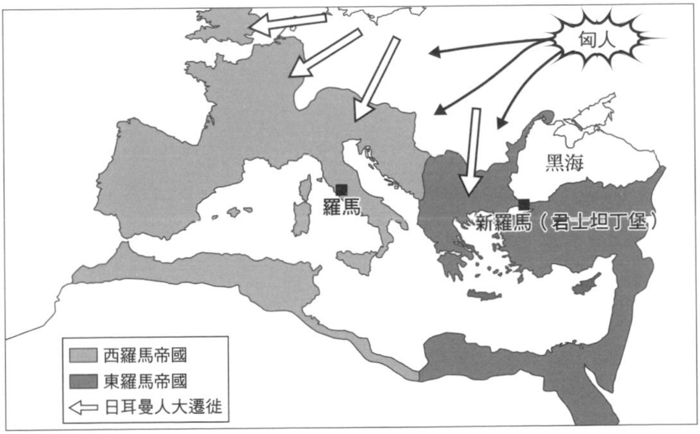

這時，三世紀在西亞興起的波斯薩珊王朝勢力迅速擴大，兩國時常在安納托利亞半島內陸發生衝突。

帝國分裂

四世紀下半葉，中亞遊牧民族匈人入侵哥德人居住的黑海周邊。哥德人和法蘭克人、孛艮地人、汪達爾人等各個日耳曼民族受到影響，前撲後繼似地湧進羅馬帝國西部。異邦入侵國土時，皇帝狄奧多西一世（Theodosius I）受到有民意支持的主教聖安博（Sanctus Ambrosius）強烈影響，在三九二年將基督教定為國教。然而教會卻視更古老的古希臘眾神信仰為異教，更在三九三年廢除了奧林匹克運動會。

狄奧多西一世去世後，羅馬帝國在三九五年分裂成東西二國。歷史上分別稱之為「西羅馬帝國」和「東羅馬帝國」。這段時期，日耳曼人大肆破壞雅典和科林斯的城鎮，對西羅馬帝國的侵略更是嚴重。四七六年，日耳曼庸兵奧多亞塞（Odoacer）

發起暴動，罷黜了當時的皇帝，西羅馬帝國實質滅亡。之後的西歐在數百年間，有西哥德王國、東哥德王國、法蘭克王國、汪達爾－阿蘭王國這些日耳曼民族建立的王國興亡。

在西羅馬帝國滅亡後依然留存的東羅馬帝國，主張「我們才是唯一正統的（羅馬）繼承者」，而繼續自稱為「羅馬」。

持續希臘化的帝國

羅馬帝國的版圖只剩下東部地區，以君士坦丁堡為中心，涵蓋巴爾幹半島和安納托利亞半島的大部分區域，遠至埃及。國民和以皇帝一族為首的統治階級都自稱為羅馬人，和羅馬帝國一樣，官方語言為拉丁語。

四九一年登基的皇帝阿納斯塔修斯一世（Anastasius I）實施財政改革，除了從埃及運送到君士坦丁堡的穀物以外，所有稅金都只能用貨幣繳納，並且發行新的銅幣、制定與金幣的匯率。另外，他還在每一座城市設置了直屬稅務官。這些政策穩定帝國的財政。

五二七年，馬其頓出身的查士丁尼一世（Justinianus I）登基。他派兵遠征西方，一度收復了義大利半島、伊比利半島南部、北非等大部分西羅馬帝國的領土。然而，羅馬帝國在東邊又持續與波斯薩珊王朝抗衡，加上還有亞洲遊牧民族阿瓦爾人，以及居住在現在俄羅斯和烏克蘭的斯拉夫人入侵。

查士丁尼一世的著名事蹟，就是下令將自古以來的所有羅馬法律編纂成《民法大全》（查士丁尼法典）。這部法典包含了審判的程序、刑罰、平民對王公貴族的權利範圍、商業交易的規則、遺產繼承方式、土地所有權等許多領域。《民法大全》不只是東羅馬帝國的基本，直到近代都是歐洲各國的法律基礎。這部《民法大全》也記載了羅馬帝國的官方語言為拉丁語，但查士丁尼一世卻是用希臘語來寫新制定的法律。這麼做是為了表達帝國的主要民族結構仍是希臘人。

查士丁尼一世也致力於宗教政策。基督教的教會組織都設有統率各地的總教區，西部以羅馬、東部以君士坦丁堡為頂點。原先作為君士坦丁堡牧首轄區的聖索菲亞大教堂（後來的阿亞索菲亞，參照115頁的插圖），在落成後發生的暴動中遭到毀損棄置，後來由查士丁尼一世重建，成為擁有直徑三十三公尺巨大圓頂、前所未見的壯麗建築。從此以後，這座大教堂便成為歷代皇帝的加冕典禮場地。

隨著基督教的普及，各地也衍生出不同的教義解釋，四世紀的羅馬帝國認定的正統說法是神、耶穌、聖靈皆為同一的三位一體論。查士丁尼一世將東部地區信仰的基督一性論（認為耶穌與其說是人，不如說是更接近神的存在）視為異端，大肆抨擊，強迫他們服從君士坦丁堡牧首。但是，此舉卻導致支持基督一性論的埃及科普特正教會、敘利亞正統教會的信徒反叛東羅馬帝國。

此外，查士丁尼一世為了消除古代多神信仰的影響力，於五二九年關閉雅典學術中心學院。不過追根究底，古希臘的文化並沒有全部被視為異教而徹底抹消。基督教崇拜聖人的習俗、信仰聖母瑪麗亞，都是受到希臘羅馬多神信仰文化的影響。

活躍於四～五世紀的基督教神學家奧古斯丁（Augustinus），受到承襲柏拉圖的希臘哲學影響，強調三位一體論的正當性。奧古斯丁的思想，和同樣以希臘哲學思辨方法與理論為基礎的基督教神學，一直發展到七世紀左右，這個系統的思想就稱作「教父哲學」。

拜占庭帝國

與基督教普及以前的古希臘和羅馬一樣，西亞也是自古就已奠定了多神教信仰。在七世紀的阿拉伯半島，阿拉伯人穆罕默德（Muhammad）創立了伊斯蘭教。提倡各民族的信徒皆平等的伊斯蘭教團迅速擴張勢力，統治了敘利亞和埃及。連統治西亞大部分地區的波斯薩珊王朝，也遭到伊斯蘭教團消滅。六六一年，倭瑪亞家族建立了由教團領袖（哈里發）世襲的倭瑪亞王朝，首都設於大馬士革。

伊斯蘭教徒（以下簡稱穆斯林）進入地中海，經常與東羅馬帝國展開海戰。相傳當時的東羅馬海軍擁有強大的武器「希臘火」，可以放出火焰燒燬敵船。在那個還沒有槍砲的時代，這個武器著實令人聞之喪膽。後世推測希臘火的原理可能是將精煉後的油、硫黃、生石灰、松脂混合而成的液體噴出後放火，但由於製作方法屬於機密，至今仍未能解開。

同一時期，和穆斯林一同威脅東羅馬帝國的還包括從黑海北方入侵的斯拉夫人。巴爾幹半島的城邦遭到斯拉夫人破壞，希臘人被趕到沿海地區和愛琴海島嶼；倖存的居民躲在城牆圍起的城市裡生活，對城市的稱呼也因此從城邦變成「堡壘」。

此外，起源於中亞的保加爾人入侵巴爾幹半島北部，征服了當地的斯拉夫人，於六八一年建立保加利亞帝國。由於保加爾人數量稀少，所以保加利亞帝國後來發展成以斯拉夫人為主體的國家。

除了穆斯林和斯拉夫人入侵以外，七世紀東羅馬帝國內部還發生了巨變。六一〇年，時任皇帝福卡斯（Phocas）因暴政而被迦太基總督起義推翻，主謀者之子希拉克略（Heraclius）篡奪皇位。

從這個時候開始的希拉克略王朝，將官方語言從拉丁語改為希臘語。皇帝的稱號從「英白拉多」（拉丁語 Imperator，意即「掌握統帥大權者」，特別指「軍隊總指揮官」），改成了「巴西琉斯」（希臘語 βασιλεύς，意即「王者」）。後世還引用君士坦丁堡的舊名拜占庭，將國家稱作「拜占庭帝國」。

西歐則是以羅馬教廷的最高領袖教宗為中心，神職人員和貴族階級仍繼續使用拉丁語，因此拜占庭帝國和西歐各國的文化差異才會愈來愈大。

禁止耶穌像和聖母瑪麗亞畫像

古希臘和羅馬的神像畫和雕塑十分發達，但猶太教的經典（基督教所謂的《舊約聖經》）禁止偶像崇拜，所以基督教會裡並沒有設置神像。然而，耶穌及母親瑪麗亞、聖人的肖像卻能大量製造，這些其實也屬於偶像。另一方面，同樣採納《舊約聖經》的內容作為教義的伊斯蘭教，則是徹底嚴禁偶像崇拜。

拜占庭帝國內主張應當嚴禁偶像崇拜風氣的聲浪愈來愈大，因此皇帝利奧三世

（Λέων Γ'）於七二六年頒布禁止聖像的詔令。但是，西歐的羅馬教會卻對此發出強烈反彈。因為當時的印刷技術尚未成熟，識字的人很少，日耳曼人又不太懂拉丁語，所以耶穌和瑪麗亞的畫像和雕塑是最適合用來推廣教義的工具。

從很久以前開始，東西基督教會之間就產生了鴻溝，雙方的對立因為聖像禁令而變得更明確。就在東西教會持續對立之際，八世紀末，法蘭克王國的查理曼（Charlemagne）征服了西羅馬帝國大部分的舊領土。於是，時任羅馬教廷自七五六年丕平（Pépin，查理曼之父）獻土以來，打算更加鞏固與法蘭克王國的關係，便於八〇〇年授予查理曼「羅馬人的皇帝」稱號，用來對抗以拜占庭帝國為後盾

當時的日本

佛教在6世紀從大陸傳到日本後，於飛鳥時代發揚光大。在那個時代建造的法隆寺金堂釋迦三尊像笑容滿面，這個表情就稱作「古老的微笑」，和古希臘古風時期的雕塑屬於同一種特徵。

的君士坦丁堡牧首。當然，自詡為羅馬帝國唯一繼承者的拜占廷帝國，並不承認查理曼的加冕。

起初，拜占廷帝國內也以雅典為中心，許多人都敬愛聖像畫和聖像，即使皇帝頒布了聖像禁令（七二六年與八一五年），後來也都廢除了。拜占庭帝國將古希臘式的寫實雕塑視為偶像，所以並沒有創造更多作品，取而代之發展的是鑲嵌藝術、版畫和聖像畫。

儘管解決了偶像崇拜的問題，可是在教義解釋、儀式程序、組織營運等各方面的考量差異，東西教會依舊延續彼此對立的局勢。最後，羅馬教宗和君士坦丁堡牧首都主張開除對方的教籍，東西教會正式於一〇五四年徹底決裂。以羅馬教宗為中心的西方教會，稱作「羅馬公教會」（希臘語 Καθολική Εκκλησία，意即「普世教會」，又稱天主教會），而以君士坦丁堡總主教區為中心的東羅馬教會，則稱作「正統教會」（Ορθόδοξη Εκκλησία，又稱東正教會）。

重新統一化為泡影的帝國

拜占庭帝國的統治階級喜歡盛大的活動，其中一個活動就是選美比賽，目的是要找出皇后的人選。這也是因為皇室並不是特別重視血統和家世。甚至還有酒家女擄獲皇帝的心而成為皇后。

七七五年登基的皇帝利奧四世（Λέων Δ΄）的妻子、雅典出身的伊琳娜（Ειρήνη η Αθηναία）就是其中一個例子。伊琳娜在丈夫利奧四世駕崩後，代替年紀尚小的兒子君士坦丁六世（Κωνσταντίνος ΣΤ΄）攝政，掌握實權。七八七年，她廢除了聖像禁令，這個貢獻讓她後來被東正教會封為聖人。

不過，成年後的君士坦丁六世卻和母親伊琳娜，兩人經常發生齟齬衝突。於是，伊琳娜利用拜占庭帝國內「身體殘缺者不得即位為皇帝」的不成文規則，命人挖去兒子的雙眼，並逐出首都，隨後在西元七九七年自行登基，成為拜占庭帝國第一位女皇。

伊琳娜在位期間引發為拜占庭帝國的財政危機，原因出在她大幅增加對教會和修道院的捐款，且宮廷中的敵對勢力和異議人士也減少許多。然而就在這個時候，羅馬教宗為查理曼加冕為羅馬人的皇帝，藉此表態拒絕承認女皇的繼承權。當然，拜占庭帝國不可能容許這種局面，但是伊琳娜的目標是統一東西帝國，所以她試圖與查理曼結婚。不過就在查里曼給予回覆以前，宮中的反對勢力就已經先一步罷黜了伊琳娜的皇位。

推翻伊琳娜後登基為下一任皇帝的尼基弗魯斯一世（Νικηφόρος Α´）原本是財政大臣。他修改稅額、開徵遺產稅，向教會和慈善機構課稅，還強迫無力繳稅者由同村居民代為繳納，實施了許多增稅政策。當然，他的作法讓平民怨聲載道，卻也大幅改善了帝國的財政。

尼基弗魯斯一世還在各地區設置軍區（θέματα），召集貧窮人士入伍發配到各個軍區，強迫他們移居斯拉夫人入侵的地區。雖然很多人抗拒到前線制衡斯拉夫人，不過這個政策成功維持了拜占庭帝國的版圖。

西元800年左右的歐洲

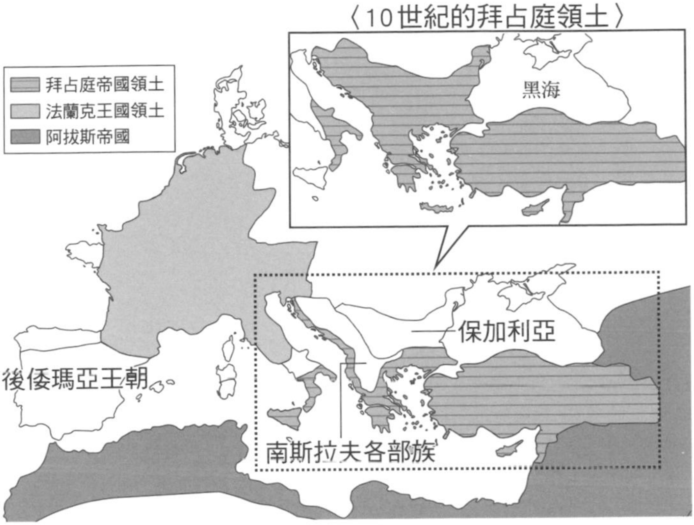

查理曼
（西羅馬帝國）

女皇伊琳娜
（東羅馬帝國）

正教會文化圈的擴張

財政穩定與斯拉夫人的威脅減少，讓拜占庭帝國奠定了皇帝擁有強大權力的政治體制。從古羅馬帝國時代延續下來的官僚機構和地方行政的架構，也都編入以皇帝為中心的新制度之中。

另外，君士坦丁堡興建了新的宮殿和教會，與為民眾建設許多劇場和公共浴池的古羅馬帝國時代相比，風景有了大幅轉變。以宮廷為中心的古典文化也逐漸復興，開始為荷馬創作的史詩做注。長久以來，希臘語的字母都只有大寫，到了九～十世紀，方便書寫的小寫字母普及後，書籍的流通也隨之擴大。

在這個時期的伊斯蘭文化圈，阿拔斯帝國取代了倭瑪亞王朝。中國唐朝的製紙技術傳到阿拔斯帝國後，生產出大量的書籍。古希臘羅馬的醫學、哲學、天文學、數學、建築學的文獻都翻譯成阿拉伯語，收藏在建於巴格達的智慧宮。伊斯蘭文化圈藉此吸收了希臘羅馬文化、逐步發展。舉例來說，十～十一世紀的阿拔斯帝國醫學家伊本・西那著有《醫典》，書中延伸發展了希波克拉底和蓋倫對古希臘醫學的研究成果。這本書後來還翻譯成拉丁語，成為西歐醫師必讀的經典。

以拜占庭帝國為中心的東方基督教信仰，也在斯拉夫人之間普及。保加利亞國王鮑里斯一世（Борис-Михаил）在八六四年受洗，讓基督教也傳播到了定居在巴爾幹半島西部的塞爾維雅人之間。到了九世紀，黑海北部成立了基輔羅斯公國；十世紀，治理該地的大公弗拉基米爾一世（Володи́мир I Святосла́вич）將東正教定為國教。雖然斯拉夫語和希臘語相去甚遠，但以希臘字母為基礎的西里爾字母，卻普及成為當地的書寫文字。

基督信仰分裂為二

在西歐，法蘭克王國因繼承人問題而分裂後，統率德語圈諸侯的君主獲得教宗冊封的皇帝稱號，成立了神聖羅馬帝國。於是，東方基督教的「拜占庭皇帝」、西方基督教的「神聖羅馬皇帝」，兩位皇帝各據東西並立。

八八六年，巴西爾一世（Βασίλειος ο Μακεδών）發起政變掌握實權後，翌年暗殺時任拜占庭皇帝米海爾三世（Μιχαήλ Γ），自行登基。巴西爾一世是馬其頓出身，從農民一路爬到軍中的高官，在他上任以後的帝國就稱作馬其頓王朝。

馬其頓王朝依照軍區制度，加強保護負責地方軍備的中小農民，並補充修訂羅馬法，充實內政。九七六年登基的巴西爾二世（Βασίλειος Β΄）消滅了保加利亞王國，征服巴爾幹半島大部分地區後，又陸續把疆域拓展到敘利亞、亞美尼亞、義大利半島南部，建立了拜占庭帝國的全盛時期。

向西歐各國求援

隨著軍區制度逐漸完善，拜占庭帝國的軍人和神職人員這些大地主也愈來愈多，形成新的貴族階級。勢力雄厚的貴族不時覬覦皇位而發動叛亂。尼基弗魯斯二世

（Νικηφόρος Β΄ Φωκᾶς）原本也是安納托利亞半島的有力貴族，在羅曼努斯二世（Ρωμανός Β΄）駕崩後迎娶皇后，九六三年登基為皇帝（與先皇之子巴西爾二世共同統治）。

這時，東部內陸地區的突厥遊牧民族勢力崛起（後來的土耳其）。突厥人的發源地是中亞的蒙古高原一帶，雖然屬於穆斯林，但與阿拉伯人是不同的民族。一〇三八年，突厥人圖赫里勒・貝格（Togrul beg）創立了塞爾柱帝國，取代阿拉伯的阿拔斯帝國，在敘利亞和安納托利亞半島擴張勢力。

一〇七一年，拜占庭帝國在戰爭中敗給塞爾柱土耳其帝國，失去了安納托利亞半島的領土。之後，塞爾柱帝國仍持續進攻，拜占庭皇帝阿歷克塞一世（Αλέξιος Α' Κομνηνός）向當時的教宗烏爾巴諾二世（Beatus Urbanus PP. II）求援。教宗向西歐各國請求出動援軍，於是，法蘭克王國、神聖羅馬帝國和義大利半島各國組成了第一次十字軍，在一〇九六年進攻塞爾柱帝國的勢力範圍。十字軍和拜占庭帝國締結合作關係，在一〇九九年占領了耶路撒冷。

此後直到十三世紀，西歐的王侯和民間的朝聖者多次號召發起十字軍運動，可是參加者各懷私心，並不只是為了對抗穆斯林異教徒而已。威尼斯共和國和熱那亞共和國加入的理由，也是為了確保義大利半島上貿易商人的通商路線順暢無阻，以及組織移民集團前往東方。

阿歷克塞一世借助十字軍的力量，收復了東部的版圖，但因為給予協助十字軍的威尼斯商人免關稅的特權，結果逐漸失去了地中海的通商權益。不僅如此，阿歷克塞一世在位期間，採取由各地軍人管理國有地的普羅尼亞制，實質上等同於承認土地私有，導致皇帝在外地的統治權力鬆動。

十二世紀下半葉，巴爾幹半島上除了塞爾柱帝國及其他伊斯蘭勢力以外，保加利亞王國、塞爾維亞王國也日漸壯大，不時威脅到拜占庭帝國。但是，戰亂的主要地點位於君士坦丁堡附近或巴爾幹半島北部，半島南部大致和平。因此，半島南部成為各個民族往來的地中海貿易據點，有威尼斯人街、猶太人街等許多外國人聚集居住的地區。

十字軍占領首都！

十二世紀末，拜占庭皇帝伊薩克二世（Ισαάκιος Β'）多次討伐保加利亞王國，但是在第三次遠征前夕遭到親弟弟篡位。伊薩克二世的兒子阿歷克塞也被捕，後來成功逃獄、流亡到國外。

過了幾年後，一二〇二年，在教宗依諾增爵三世（Innocentius PP. III）的號召下組成了第四次十字軍，神聖羅馬帝國和法蘭西的諸侯皆參與其中。然而，負責仲介軍隊運輸的威尼斯商人沒有得到足夠的盤纏，於是向諸侯提議攻打君士坦丁堡。因為在這個時期，想要掌控地中海貿易主導權的威尼斯商人受到拜占庭皇帝限制，與拜占庭帝國有嚴重的歧異。

諸侯當中也有不少人懷疑為何要攻打基督教國家，但阿歷克塞趁機接觸十字軍，請求他們幫助奪回父親和自己的權位，交換條件是提供資金和統一東西教會。於是十字軍獲得了進攻君士坦丁堡的大義名分。

東征行動早已脫離初衷的十字軍，儘管被教宗依諾增爵三世開除教籍，卻執意和威尼斯海軍一同進攻拜占庭帝國。而此刻帝國體制早已搖搖欲墜的拜占庭，國內的地方貴族也相繼發起叛變。最終，君士坦丁堡在十字軍的圍城攻勢下，於一二〇四年四月淪陷。

伊薩克二世和阿歷克塞重新返回皇帝權位，他們為了給付承諾十字軍的報酬，大肆徵收臣民和教會的財產。重稅引發貴族和民眾唾棄而導致暴動，伊薩克二世和阿歷克塞雙雙遇害身亡。後來發起政變登基的阿歷克塞五世（Ἀλέξιος Δούκας，綽號穆爾特楚弗洛斯）奮力對抗十字軍，但仍遭到俘擄處決，剩下的皇室成員逃往東方。

當時的日本

在當時的日本，後鳥羽上皇和統率武士的北條氏關係逐漸惡化。到了1221年，後鳥羽上皇起兵討伐當時的執權北條義時，史稱承久之亂。結果是後鳥羽上皇敗北，從此由北條氏掌握政治實權。

愛琴海沿岸（13世紀上半葉）

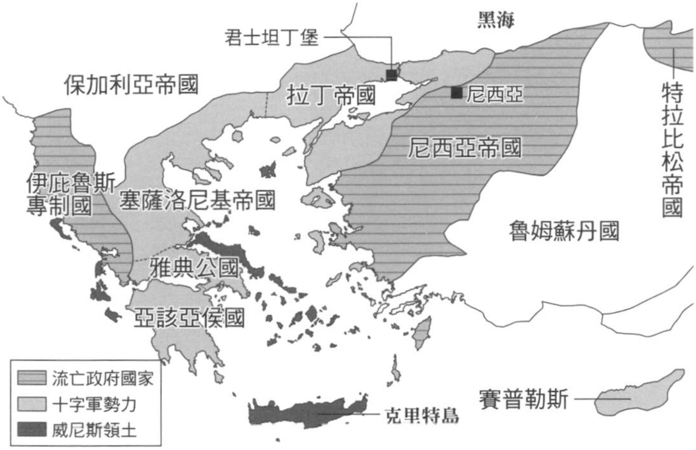

愛琴海沿岸（14世紀）

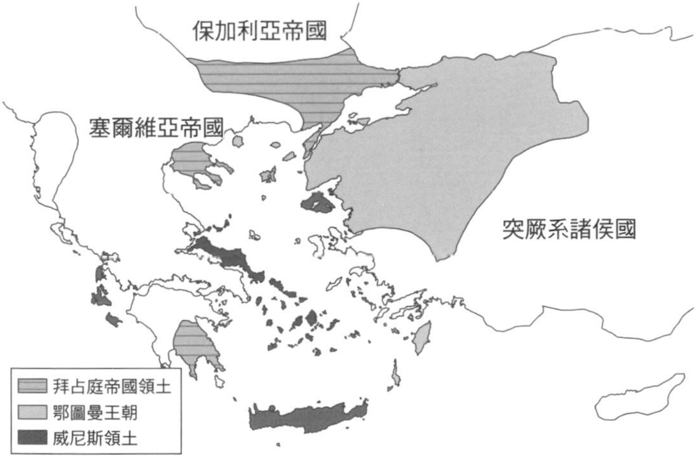

皇室流亡各地

於是，君士坦丁堡的皇位出現空缺，經過十字軍的合議後，法蘭德斯伯爵博杜安（Baudouin VI）宣布建立拉丁帝國。在巴爾幹半島南部，陸續建立由十字軍諸侯擔任君主的塞薩洛尼基帝國、雅典公國、亞該亞侯國。很久以前，愛琴海沿岸地區就透過地中海貿易加強了與西歐各國的連結，所以和十字軍諸侯的關係相對良好。

起初，巴爾幹半島北部的保加利亞帝國依然不斷侵略拜占庭帝國舊領土，拉丁帝國皇帝鮑德溫一世（Baudouin）登基一年後因戰敗成為俘虜，下落不明。

逃亡國外的拜占庭皇室以尼西亞為據點，建立流亡政府「尼西亞帝國」。其中一部分勢力在巴爾幹半島西部建立伊庇魯斯專制國、在黑海沿岸建立特拉比松帝國，一直維持獨立到十五世紀。尼西亞帝國在一二一四年與拉丁帝國簽署條約，確定勢力範圍後，累積了足夠的實力便進攻巴爾幹半島，企圖收復領土，並且在一二五九年的佩拉岡尼亞戰役中，大勝反尼西亞聯軍（拉丁帝國和亞該亞侯國等國），兩年後消滅了拉丁帝國，光復君士坦丁堡。

成功中興拜占庭帝國的米海爾八世（Μιχαήλ Η΄），創建了巴列奧略王朝。雖然拜占庭帝國的王朝總是世襲幾代就斷絕，或是因為叛亂而經常改朝換代，但巴列奧略王朝卻延續了大約兩百年。

戰亂和瘟疫削弱帝國

儘管拜占庭帝國收復君士坦丁堡，巴爾幹半島南部和愛琴海島嶼仍是十字軍和威尼斯的勢力範圍。十字軍建立的雅典公國和亞該亞侯國一直延續到十五世紀。

拜占庭帝國在一三四一年以前，陸續收復馬其頓、色薩利等位於巴爾幹半島中部的舊領土。然而，有力貴族坎塔庫澤努斯（Καντακουζηνός）卻發動政變推翻皇帝約翰五世（Ιωάννης Ε΄）。塞爾維亞帝國趁機進占巴爾幹半島南部。

一三四七年，坎塔庫澤努斯和約翰五世共治（為皇帝約翰六世Ιωάννης ΣΤ΄），這場皇位鬥爭才終於底定。但是，這時有黑死病（鼠疫）傳入歐洲。地中海區域因為十字軍運動，使得東西貿易變得活絡，十三世紀初建立的蒙古帝國還建構了橫跨歐亞大陸的廣大通商路網。也因為這個緣故，導致發源於亞洲的鼠疫轉眼間便傳播到西方。拜占庭帝國也遭到鼠疫肆虐，國力難以復甦。

這時西亞的伊斯蘭文化圈，一名土耳其戰士奧斯曼貝伊（Osmān Bey，奧斯曼一世）在一二九九年開創了鄂圖曼王朝。鄂圖曼王朝取代了塞爾柱帝國的分支魯姆蘇丹國，逐漸控制安納托利亞半島。約翰六世為了對抗國內的叛亂與擴大的塞爾維亞勢力，便從鄂圖曼王朝招募土耳其傭兵，他們就直接占領了巴爾幹半島各地。

鄂圖曼王朝一步步增強軍事力量，至一三九四年，第四代皇帝巴耶濟德一世（I. Bayezid）包圍君士坦丁堡。此次圍城激發天主教圈西歐各國的危機意識，神聖羅馬帝國聯合法蘭西、波蘭、英格蘭組成十字軍，卻未能整合而在一三九六年落敗。

一四〇二年，來自東方的蒙古人帖木兒帝國入侵鄂圖曼王朝的領土，重創了鄂圖曼王朝，巴耶濟德一世逝世。就在這千鈞一髮之際，鄂圖曼王朝未能攻陷君士坦丁堡。然而對拜占庭帝國來說，這只不過是短暫的和平而已。

古希臘文化復活

十三世紀以後的拜占庭帝國，當時因來自西歐的十字軍建立起拉丁帝國，更曾占領帝國的核心地域，導致他們對於羅馬人的身分認同變得薄弱，而有愈來愈多人認為自己是「希臘人」。尼西亞皇帝狄奧多爾二世（Θεόδωρος Β'）就如同古希臘人，特地稱呼自己的國家為「希臘」。

拜占庭帝國也十分注重古希臘的藝術、文學與哲學，以文藝發達著稱的巴列奧略王朝期間藝術蓬勃發展。十四世紀上半葉，皇帝安德洛尼卡二世（Ανδρόνικος Β'）的親信梅托奇特（Θεόδωρος Μετοχίτης）深入研究希臘歷史、文藝和自然科學等領域的典籍，寫下著作《哲學歷史隨筆》。梅托奇特還重建了荒廢已久的君士坦丁堡科拉教堂（現為卡里耶博物館），興建大圖書館，門下有眾多學生追隨。

梅托奇特的學生貴格列（Νικηφόρος Γρηγορᾶς）在天文學領域的成就非凡，他主張要修正西元前一世紀由凱撒制定的儒略曆。新的曆法雖然因為時任皇帝安德洛尼卡二世失勢而未能採用，但這部曆法比一五八二年羅馬教會採用的格勒哥里曆計算方法，要早了兩百年以上。

長久以來，拜占庭帝國的宗教藝術主流，都是繪製耶穌或單一聖人的正面肖像，大多缺乏動作和表情。不過，這個時期的科拉教堂壁畫和天井畫，就像後來的義大利文藝復興時期的畫作一樣，是用寫實的風格豐富表現出許多人物。

此外，還有展現出拜占庭風格的建築，例如塞薩洛尼基的聖迪米特里奧斯教堂。這座教堂自四世紀建立以來，經過修復重建後，納入了拜占庭的樣式，作為「塞薩洛尼基早期基督教與拜占庭式古建築」的一部分，列入聯合國世界文化遺產。

矗立於希臘東北部阿索斯半島的阿索斯山則是東正教聖地，在尼基弗魯斯二世的支持下於九六三年設立修道院，到了一〇〇〇年修道院多達四十六座。如今這一帶依然林立著修道院，為希臘境內自治區，也列入聯合國世界遺產（複合遺產）。

十四世紀，阿索斯山一帶受戰亂波及，修道士紛紛走避、在沒有戰亂侵擾的色薩利陡峭的奇岩頂端建立修道院。從此以後，高度二十公尺～四百公尺的奇岩上陸續建立修道院。這些修道院群就稱作邁泰奧拉，也列入聯合國的世界遺產（複合遺產）。

十五世紀的哲學家格彌斯托士（Γεμιστός）因為非常景仰柏拉圖，而取諧音自稱為卜列東（Πλήθων），著有提倡效仿古希臘政體法律制度的《法律篇》。他還作為拜占庭帝國使節團的一員，參加天主教會的佛羅倫斯大公會議，與義大利半島的文化人士交流，支持重新評價柏拉圖的思想。

十二世紀到十五世紀，十字軍運動使西歐各國頻繁進出地中海，導致早年傳到愛琴海與伊斯蘭文化圈的古希臘羅馬文化逆向輸入。這些都是十六世紀義大利文藝復興運動的根基。

身兼知名歷史學家的公主

安娜・科穆寧娜

Anna Komnena

（1083～1154左右）

繼承丈夫遺志完成曠世巨作

代表拜占庭帝國時代的才女安娜・科穆寧娜（Ἄννα Κομνην）既是公主，也是古代到中世紀歐洲屈指可數的女性歷史學家。

她是開創科穆寧王朝的皇帝阿歷克塞一世的長女，從小就學習古希臘語的修辭學、天文學、幾何學，具備很高的素養。安娜・科穆寧娜後來與歷史學家尼基弗魯斯・布林尼烏斯（Νικηφόρος Βρυέννιος）結婚，在父親去世後，她想擁戴丈夫即位，但卻在與弟弟約翰二世（Ιωάννης B' Κομνηνός）的政治鬥爭中失敗，於是離開宮廷、進入修道院。

丈夫布林尼烏斯撰寫了阿歷克塞一世的傳記，卻在成書以前死去，於是安娜接手寫完了這部總共15卷的《阿歷克塞傳》。這部著作是以第一次十字軍東征時期的拜占庭帝國為主題，穿插著皇室觀點，是第一手的歷史資料。

chapter 4

多民族帝國的一員

拜占庭帝國滅亡

西元十三到十四世紀，位於拜占庭帝國西方的保加利亞王國和塞爾維亞王國、東方的鄂圖曼王朝，從東西夾擊陸續奪占拜占庭帝國的領土。結果，拜占庭帝國的版圖只剩下君士坦丁堡周邊、塞薩洛尼基、伯羅奔尼撒半島的末端，以及黑海沿岸的一部分而已。

一四五三年三月，鄂圖曼王朝穆罕默德二世（II. Mehmed）派出約十萬大軍，試圖從陸海兩方包圍君士坦丁堡。拜占庭軍在博斯普魯斯海峽的金角灣拉起粗大的鎖鍊，阻止鄂圖曼艦隊入侵，於是鄂圖曼軍使出奇招，派部隊搬運軍艦翻越山丘進入海峽，成功入侵海灣。

拜占庭帝國向西歐的基督教國家求助，但未能得到援軍，五月二十九日，君士坦丁堡淪陷。末代皇帝君士坦丁十一世（Κωνσταντίνος ΙΑ'）也親自參戰，但後來下落不明。

於是，延續了一千年以上的東羅馬帝國（拜占庭帝國）就此滅亡。鄂圖曼士兵在市內大肆擄掠，但穆罕默德二世不希望城鎮遭到全面破壞，下令保護倖存的居民和建築。

伯羅奔尼撒半島上仍有拜占庭皇帝一族統治的摩里亞專制國，但是在一四六〇年也遭到鄂圖曼王朝奪占。十四世紀末的保加利亞，以及在君士坦丁堡淪陷後的塞爾維亞，終究也成為鄂圖曼帝國的領土。

多民族共存

從很久以前開始，鄂圖曼王朝就已經將首都設在博斯普魯斯海峽東岸的斯庫塔利（現在的於斯屈達爾），自從攻下君士坦丁堡後，即將王宮遷到君士坦丁堡。從此以後，這裡就一直稱作「伊斯坦堡」，名稱正是引用自希臘語「εἰς τὴν Πόλιν」（進城去）的意思。

鄂圖曼王朝的開國君主奧斯曼一世率領的土耳其戰士集團（奧斯曼集團）作為統治階級，征服安納托利亞半島和黑海沿岸的居民。王朝在拓展疆域的過程中，發展成混合了基督教徒的希臘人、斯拉夫人、猶太人等許多民族的帝國，所以史稱「鄂圖曼帝國」。皇帝稱作蘇丹（掌權者），後來帝國鞏固了在伊斯蘭教發源地阿拉伯半島的統治權以後，皇帝也兼任宗教領袖哈里發。

統治階級的官方語言為土耳其語，而被統治階級的民族並沒有明確的地位高低之分。穆斯林土耳其人和阿拉伯人可以移居到伊斯坦堡，異教徒也能在此經商，所以威尼斯共和國、法蘭西王國這些西歐商人也來此貿易。人民有四成是基督教徒和猶太教徒，城內也形成各個民族和宗教的街區。

鄂圖曼王朝在進攻拜占庭帝國以前，就會從被征服的基督教信仰地區挑選優秀男孩，讓他們改信伊斯蘭教並接收軍事訓練，將他們培育成官員。這個制度稱作德夫希爾梅。鄂圖曼軍中的精銳部隊耶尼切里（土耳其語為「新軍」之意），就是由德夫希爾梅召集而來的士兵組成，是身兼奴隸和皇帝直屬的菁英集團。

拜占庭帝國滅亡後，境內許多教堂都移作清真寺使用，但君士坦丁堡正教會牧首的轄區仍設於伊斯坦堡市內。伊斯蘭統治者對待猶太教和基督教這些一神信仰的異教徒，一律採取齊米制，只要他們繳納稅金，就能保障信仰的自由。除了德夫希爾梅制的適用對象以外，猶太教徒和基督教徒都不會被迫改宗。因此，基督徒並不適用伊斯蘭教的法律制度，而是繼續沿用拜占庭帝國時代所繼承的羅馬法，由東正教會負責民事裁判。

受鄂圖曼帝國統治的地區，區分被統治民的基準不是地域和語言，而是宗教。座堂位於伊斯坦堡的君士坦丁堡正教會牧首，實質上也統領相當於現在保加利亞和塞爾維亞地區的東正教會。於是，原屬於拜占庭帝國的舊領地，與同屬東方基督教文化圈其他地區之間的對立情勢也逐漸消弭。

君士坦丁堡正教會牧首與鄂圖曼帝國的統治階級建立起強大的連結，藉此維持宗教地位，正教會的神職人員仍使用希臘語交流。不過，在以當地居民母語為斯拉夫語為主的地區，有不少東正教會的主教反對君士坦丁堡正教會的統率地位。

遭穆斯林破壞的帕德嫩神廟

鄂圖曼帝國的地方行政單位，包含省（貝勒貝伊里克）和區（桑賈克）。巴爾幹半島南部大部分屬於魯米利亞省。一五二〇年即位的蘇萊曼一世（I. Süleyman）在位期間，是鄂圖曼帝國的全盛時期，版圖涵蓋大部分的巴爾幹半島和黑海沿岸、北非、阿拉伯半島一帶，還成立了新的省和區。

在愛琴海方面，有納克索斯島、羅得島這些受威尼斯和西歐騎士團統治的島嶼，不過蘇萊曼一世逐一攻占這些島嶼，在一五三四年將整個愛琴海的島嶼劃分為地中海省。其中一個大功臣，就是原本為海盜、後來服侍蘇萊曼一世的巴巴羅薩・海雷丁帕夏（Barbaros Hayrettin Paşa，通稱「紅鬍子」）。海雷丁出身於愛琴海的列斯伏斯島，根據某個說法，他是改信伊斯蘭教的希臘人。

蘇萊曼一世去世後的一五七一年，在拜占庭帝國滅亡後依然由西歐基督教勢力統治的賽普勒斯島，遭到鄂圖曼帝國占領。西歐各國因此提高警覺，在羅馬教宗庇護

鄂圖曼帝國領土（16世紀）

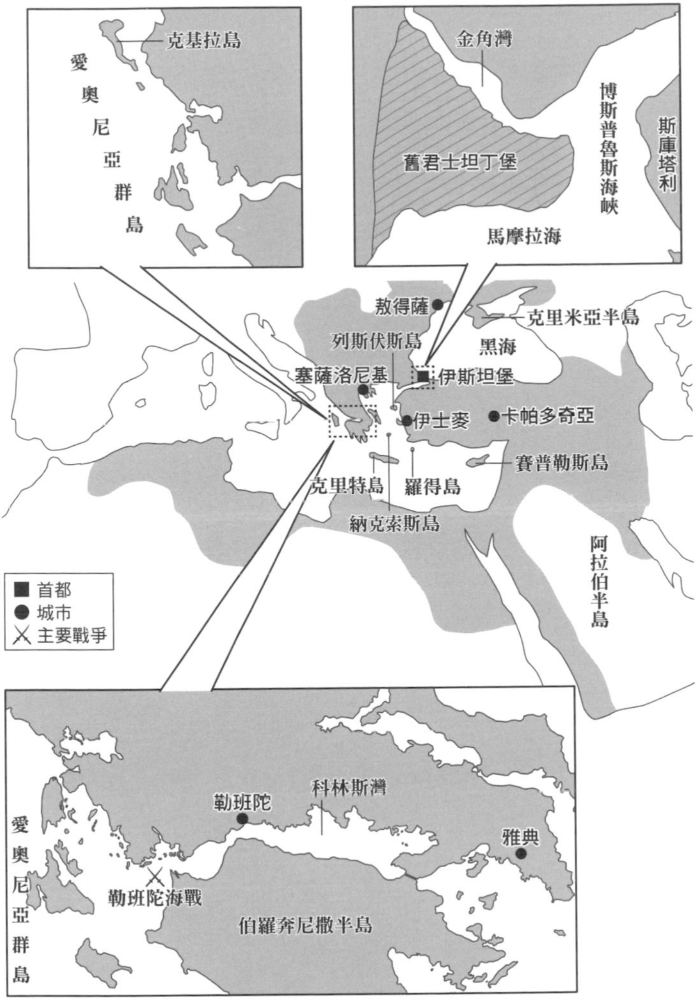
克基拉島
愛奧尼亞群島
金角灣
博斯普魯斯海峽
斯庫塔利
舊君士坦丁堡
馬摩拉海
敖得薩
克里米亞半島
列斯伏斯島
黑海
塞薩洛尼基
伊斯坦堡
伊士麥
卡帕多奇亞
賽普勒斯島
克里特島
羅得島
納克索斯島
阿拉伯半島
首都
城市
主要戰爭
科林斯灣
勒班陀
愛奧尼亞群島
雅典
勒班陀海戰
伯羅奔尼撒半島

五世（Sanctus Pius PP. V）的號召下，派出西班牙、威尼斯、熱那亞等國組成的艦隊，在科林斯灣外的勒班陀海域和鄂圖曼海軍開戰。鄂圖曼海軍在這場勒班陀海戰中慘敗，但是並沒有動搖帝國在東地中海與巴爾幹半島的優勢。

西歐基督教國家在東地中海僅剩的據點，只有從十三世紀開始由威尼斯統治的克里特島。但後來克里特島也淪陷，鄂圖曼帝國在一六六九年占領了整座島嶼。

一六八三年，為了對抗勢力日漸壯大的鄂圖曼帝國，奧地利、威尼斯、波蘭等國組成同盟，與鄂圖曼帝國展開大土耳其戰爭。一六八七年，威尼斯軍進攻雅典之際，帕德嫩神廟被鄂圖曼軍作為火藥庫而嚴重毀損，就這麼長久荒廢棄置。

珍貴的翻譯員

鄂圖曼帝國的臣民分為兩種，軍人和宮僚等統治階層的阿斯卡里（Askeri），以及農民和工商業者等被統治身分的拉亞（Reaya）。

包含希臘人在內的基督教徒大多屬於拉亞，但有少數人的能力受到肯定，得以就任軍隊、政治、行政的要職。例如，仕於蘇萊曼一世的建築家米馬爾・希南（Mimar Sinan）原是基督徒，據說還是希臘人（或亞美尼亞人）。

希南最知名的代表作是伊斯坦堡的蘇萊曼尼耶清真寺，這是擁有五十三公尺高大圓頂的鄂圖曼建築傑作，已登錄為聯合國世界文化遺產。

拜占庭帝國的臣民在鄂圖曼帝國征服以前，土耳其穆斯林就已經開始稱呼他們為「Rūm」。這在伊斯蘭世界是羅馬人的意思，希臘人也被定位成羅馬人的一種。拜占庭帝國滅亡後，Rūm這個稱呼仍持續沿用，希臘人也自稱為意

指羅馬人的「Romioi」。

居住在伊斯坦堡的希臘有力人士稱作法那爾人（Fenerliler）。這個稱呼源自於牧首轄區所在的芬內爾（Fener，路燈）地區。法那爾人當中，也有人自稱是拜占庭皇帝或貴族的後代，他們都被併入了鄂圖曼帝國的統治體系之中。

法那爾人並不是只會說希臘語和土耳其語，精通拉丁語、義大利語等外語的人也很多，後來他們逐漸被重用為翻譯員。十七世紀末，鄂圖曼帝國在各地與奧地利、俄羅斯帝國、威尼斯等基督教聯軍作戰後，於一六九九年協議停戰。這時，鄂圖曼帝國的首席翻譯官，就是法那爾人的亞歷山德羅斯・馬夫羅科扎托斯（İskerletzâde Aleksandros）。從此以後，翻譯官的職務都由馬夫羅科扎托斯及其他法那爾人名門家族壟斷。

十八至十九世紀，鄂圖曼帝國和歐洲各國的外交協商變得頻繁，擔任翻譯官的法那爾人的重要性愈來愈高，對鄂圖曼帝國行政的影響力也更大。也有負責徵收對外貿易關稅、在巴爾幹半島各地當貴族的法爾那人。

君士坦丁堡正教會的高階神職人員和法爾那人都享有免稅特權，教會的神職人員負責管理信徒，所握有的權限比拜占庭帝國時代更大；總主教不會與鄂圖曼帝國的統治階層對立，彼此利害關係一致。在鄂圖曼帝國的統治下，還有一支武裝部隊名為馬托洛斯（Martolos），成為介於統治階層和平民之間的階層，職責是在各地維護治安，守備交通要衝，發揮類似警察的功能。

城市與鄉村的人們

伊斯坦堡及其他各個都市，都建設了居民和小販使用的公共浴池、商隊驛站和水道。都市裡的工商業者，都隸屬於各個職種的同業工會（Esnaf）。工會有時也會由穆斯林、基督教徒、猶太教徒共同經營。

有些希臘人在伊斯坦堡近海從事海運業，從船夫或水手變成了大商人，其中大多數是從事小麥和毛皮買賣的貿易商。海運業者未必對鄂圖曼帝國言聽計從，即使國家禁止出口穀物，他們依然透過愛琴海的島嶼走私運輸。

在鄂圖曼帝國經商謀生的人，除了穆斯林和希臘人以外，還有各式各樣的民族。像是巴爾幹半島就有很多斯拉夫人的工商業者。十五～十六世紀，在西班牙受到迫害的猶太教徒和穆斯林，紛紛逃到鄂圖曼帝國境內。尤其是在塞薩洛尼基，有很多猶太商人活動。

巴爾幹半島南部是海上交通的樞紐，但平原地帶很小，陸路不甚發達。雖然鋪設大型道路連結塞薩洛尼基和雅典，但伯羅奔尼撒半島內的路網依然不發

達。鄂圖曼帝國的統治難以深入交通發展落後的地區，於是這些地方便出現了自行武裝、反抗掌權者的強盜等法外之徒。斯拉夫民族稱之為Hajduk，希臘稱為κλέφτης。民謠和民間故事裡將這群隨心所欲的法外之徒塑造成英雄。同時，地方的有力人士則是雇用馬托洛斯，負責巡邏守備街道。

海外的希臘人

拜占庭帝國滅亡，鄂圖曼帝國陸續掌控了伯羅奔尼撒半島和愛琴海各個島嶼後，有些希臘人畏懼穆斯林的統治而逃往西歐。十三世紀開始就將愛琴海各島納入勢力範圍的威尼斯、義大利半島各地，都有希臘難民湧入。

十五至十六世紀的義大利半島正值文藝復興，藝術、文學活動非常盛行，而且在十五世紀中葉，發明了使用金屬活字的印刷技術，使書籍流通逐漸擴大。一四七一年，威尼斯首次出版了用希臘文字寫的希臘語活版書，這個例子足以證明當時具有學識的希臘人有多少。

到了十七世紀後，有愈來愈多希臘人不再是難民，而是為了經商而移居西歐。維也納、布達佩斯、巴黎和馬賽都有希臘人建設的群居地區。

在黑海沿岸，早在紀元前就已經有希臘人居住。其中的代表就是黑海南岸的朋土斯。這裡成為鄂圖曼帝國的領土後，希臘人也繼續住在這裡。但朋土斯居民所說的希臘語，與中世紀以後的希臘語有很大的差異。

除此之外，安納托利亞半島內陸卡帕多奇亞西部的士麥那、賽普勒斯島，也從西元前開始就有希臘人定居。賽普勒斯島在一五七一年成為鄂圖曼帝國領土，隨著土耳其穆斯林移居，信仰基督教的希臘

當時的日本

在相當於室町時代末期的十六世紀中葉，《伊索寓言》和基督教一起傳到了日本。1593年，發行了用羅馬拼音記述的口語版《天草版伊曾保物語》；在江戶時代初期，則發行了古活字版和雕版的《伊曾保物語》。

人和信仰伊斯蘭教的土耳其人便從此在這座島嶼上共存。

土耳其人也喜歡的希臘食材

鄂圖曼帝國積極吸收歐洲的科學技術，然而帝國的文化主流，仍然是以伊斯蘭信仰為主軸。

伊斯蘭教禁止偶像崇拜，所以穆斯林進占基督徒的教堂挪為清真寺所用時，會撤除建築內耶穌和聖人的鑲嵌肖象畫。雖然基督徒自己會克難地繪製聖像畫以便傳播教義，不過伊斯坦堡和各個地方的藝術主流，仍然是深受阿拉伯和波斯風格影響的伊斯蘭美術。

文學和思想方面，鄂圖曼帝國幾乎不會回頭鑽研古希臘和基督教的知識，土耳其語的詩歌和伊斯蘭神祕思想較為發達。

不過，民眾的生活和習俗仍有文化融合的一面。土耳其人原本是遊牧民族，所以擅長將羊肉、牛肉、優格和起司入菜。在帝國征服了博斯普魯斯海峽以西的拜占庭帝國領土後，也開始將橄欖、地中海的海鮮等食材加入料理中。

土耳其現在所吃的許多海產名稱，像是Uskumru（鯖魚）、İstavrit（竹筴魚）、Havyar（魚子醬）等等，都是源自希臘語。還有Ispanak（菠菜）、Maydanoz（洋香菜）等蔬菜名稱也都是來自希臘語。土耳其把桿平烘烤的薄麵包餅稱作Pide，這也是引用了義大利披薩在希臘語的名稱「Pita」。

相對地，希臘人也引進了土耳其食材。像希臘代表的燒烤肉串（σουβλάκι），就是起源於土耳其的串烤肉塊（Şiş kebabı）。咖啡是從鄂圖曼帝國傳播到歐洲各地，現在的希臘也會用熱水煮咖啡粉，等到粉沉澱到杯底後，只喝上面澄清的液體部分。這就是土耳其的咖啡沖煮方式。

此外，現在的希臘肢體語言當中，歪著頭代表「是」，點頭代表「不是」，這也是源自土耳其人的習慣。

沒完沒了的俄土戰爭

到了十八世紀，俄羅斯日漸強盛，成了鄂圖曼帝國的威脅。位於北方的俄羅斯為了取得冬天也能航行的不凍港而推動南下政策，目標是從黑海挺進地中海，同時聲稱要保護受到鄂圖曼帝國統治的東正教徒。

因此，鄂圖曼帝國內的希臘人，開始期待來自北方的「金髮人」，也就是俄羅斯人會前來解放希臘。因為，希臘人從很久以前、自君士坦丁堡淪陷三百二十年後，就一直流傳著土耳其人將會被掃盪的預言。

在這個局勢下，一七六八年爆發了俄土戰爭（俄羅斯土耳其戰爭）。時任俄羅斯女皇葉卡捷琳娜二世（Екатерина Алексеевна）打算拉攏希臘人，於是派艦隊前往地中海。希臘人獲得這支艦隊的支援，在一七七〇年二月於伯羅奔尼撒半島起義。不過，俄羅斯派來的兵力只有寥寥數百人，加入起義的希臘人也是一盤散沙，於是鄂圖曼帝國派來阿爾巴尼亞兵，在當地摧殘十年後，鎮壓了這場叛亂。

雖然這次的俄土戰爭於一七七四年結束，但之後俄羅斯和鄂圖曼帝國仍多次爆發衝突。俄羅斯在一七八三年掌控進出黑海的樞紐克里米亞半島，並給予希臘商人在黑海活動的特權，使得有些希臘人透過貿易賺進了大筆財富。

如前文所述，部分得到鄂圖曼帝國賜予特權地位的希臘人，就是法爾那人和君士坦丁堡正教會的高階神職人員。斯拉夫的東正教徒（保加利亞人和塞爾維亞人）對他們十分抗拒，於是在鄂圖曼帝國統治下已經沉寂的民族對立又再度浮上檯面。

民族主義高張

在鄂圖曼帝國持續統治希臘的十八世紀，英國、法國等西歐各國社會上，正散播著重視自由精神和理性的啟蒙思想。受到啟蒙思想影響的知識分子，大多批判當時的君主專制和教會的權威，並重新看待古希臘羅馬留下的藝術、哲學、政治理論。例如以普魯士王國的藝術史學家溫克爾曼（Johann Joachim Winckelmann）為首，帶動重返古希臘羅馬藝術和建築樣式的「新古典主義」風潮。

一七八九年，發生法國大革命，法國建立了以國民為主體的國家。其他歐洲國家也受到刺激，開始鼓吹各個民族各自建國的民族主義。

這時，在西歐和俄羅斯積極活動的希臘商人，紛紛資助希臘同胞的民族運動。他們提供資金讓年輕人留學西歐，也積極投入希臘語的出版活動。海外希臘人大多受到西歐廣泛的啟蒙思想、民族主義、重新評價古希臘文化的運動影響，開始向受到鄂圖曼帝國統治的希臘同胞，呼籲民族團結、脫離異族的統治而獨立。

其中的代表人物，就是來自希俄斯島、移居法國

當時的日本

船夫大黑屋光太夫在海上因暴風雨而遇難，漂流到阿留申群島的阿姆奇特卡島。之後，他在俄羅斯居留了10年，還謁見了葉卡捷琳娜二世。1792年，他和俄羅斯使節拉克斯曼等人一同回國後，依據親身經歷寫下了《北槎聞略》。

的古典學者科萊斯（Ἀδαμάντιος Κοραῆς）。希臘人長久以來已經遺忘了古希臘的文化，但是在科萊斯出版荷馬及希羅多德等人古典著作的現代語版本、統稱為《希臘叢書》的一系列作品後，國內外的希臘人都紛紛找回了自己身為歷史悠久的希臘人的自尊。

前面提到希臘人從拜占庭帝國時代開始，就會自稱為羅馬人。科萊斯則主張希臘人應自稱為「Έλληνες」（古代「Ἕλληνες」的近代發音），或是源自拉丁語中意指希臘人的「Graeci」的希臘語說法「Γραικοί」。

擔任法那爾人祕書的里加斯（Ρήγας Φεραίος）受到法國大革命的啟發，鼓吹希臘人應當與鄂圖曼帝國統治的各個基督教民族團結起來，建立新的獨立國家。他還寫下展現新國家構想的「希臘共和國憲法案」，組成獨立運動團體，但最後遭到鄂圖曼帝國警員逮捕，於一七九八年處死。不過，後來有民族主義者繼承了里加斯的遺志。

另一方面，正教會則是時時警戒希臘民族主義的高漲。這是因為君士坦丁堡正教會牧首必須不分民族差異，確實履行整合鄂圖曼帝國境內所有基督徒的職責。在這個時期，正教會依然視早在耶穌基督誕生以前的古希臘信仰為異教，古希臘時代的哲學和藝術自然也被視同異教文化。

希臘熱潮再起

當民族主義在希臘白熱化的同時，英國的貴族年輕子弟之間，開始盛行到海外鑑賞藝術和遺跡，提升素養的旅行（壯遊）。在這個時期的歐洲，革命後的法國與敵對的各國之間仍持續交戰，所以避開戰火延燒的法國和義大利、造訪希臘的人愈來愈多。這個現象結合了重新評價過去在西歐廣傳的希臘文化的思想，形成「親希臘主義」（Φιλέλληνες）的風潮。

就在此時，英國的額爾金伯爵（Earl of Elgin）以外交官的身分訪問雅典，將帕德嫩神廟裡的大理石雕塑運到英國。這一組雕塑像就稱作「額爾金石雕」，現藏於倫敦大英博物館內。這組雕塑原本有上色的痕跡，但是經過大英博物館館員用力粉刷清潔，使得顏料底下的白色大理石裸露出來。這是受到「希臘雕刻很白」的成見影響所造成的修復失誤，導致這個與實際的希臘雕塑截然不同的成色印象傳播到了全世界。

七島共和國

法國大革命掀起的戰亂餘波，也傳到了東地中海。當時，愛奧尼亞群島都位於法國的勢力範圍內，被俄羅斯與鄂圖曼帝國合作占領後，便獲得了自治權，在一八〇〇年建立以克基拉島為中心的七島共和國。

然而到了一八〇七年，這裡又遭到法國占領，國家以短命告終。之後，法國皇帝拿破崙（Napoléon Bonaparte）垮台，各國勢力關係產生變化，愛奧尼亞群島從一八一五年開始受到英國統治。

自稱「希臘人」的畫家

艾爾・葛雷柯

El Greco

（1541～1614）

徒步走遍文藝復興時期的南歐

在鄂圖曼帝國時代，很多希臘人都活躍於西歐。克里特島出身的畫家艾爾・葛雷柯便是其中一人。他的本名是多米尼克・提托克波洛斯（Δομήνικος Θεοτοκόπουλος），筆名艾爾・葛雷柯在義大利語意思就是「希臘人」。

他在青年時期在威尼斯和羅馬學習繪畫，1577年以後定居於西班牙托雷多，就此終老。他深受文藝復興時期的著名藝術家拉斐爾（Raffaello Sanzio）、米開朗基羅（Michelangelo）影響，對古希臘和羅馬古典相關的知識也十分豐富。

他的畫風特色是強調漆黑的陰影，知名的作品有托萊多主教座堂的《脫掉基督的外衣》、聖多默堂裡的《歐貴茲伯爵的葬禮》、埃斯科里亞爾修道院裡的《聖莫里斯殉教》等充滿戲劇性的宗教畫，還有很多描繪希臘神話的畫作、寫實肖像畫。

chapter 5

希臘國家的誕生

獨立戰爭的開始

進入十九世紀前後，巴爾幹半島各地反抗鄂圖曼帝國統治的民族主義升高。一八〇四年，相當於現在塞爾維亞的地區對鄂圖曼帝國發起大規模暴動，刺激了追求希臘獨立的民族主義者。

獨立運動的動向，始於由居住在鄂圖曼帝國境外的希臘人所推動。尤其是東正教文化圈勢力最龐大的強國俄羅斯，有許多從鄂圖曼帝國流入的希臘移民，他們也在俄羅斯境內設立多個重要的活動據點。

一八一四年，在其中一個據點敖得薩（現在位於烏克蘭南部的城市），成立了追求希臘獨立的祕密組織「友誼社」（Φιλική Εταιρεία）。成員包含俄羅斯和西歐的海外希臘商人、愛琴海的海運業者和船員、正教會的神職人員，甚至還有法外之徒等多方人士。相傳友誼社有俄羅斯沙皇作為後盾，還計劃與巴爾幹半島的基督教民族主義者聯手，全盛時期的成員人數多達兩千至三千人。

當選為友誼社領袖的是俄羅斯陸軍少將亞歷山大・伊普斯蘭提斯（Александр Константинович Ипсиланти）。伊普斯蘭提斯接受友誼社的邀請，在一八二〇年擔任總司令。伊普斯蘭提斯是伊斯坦堡出身的希臘人，曾在拿破崙戰爭中擔任俄羅斯軍的指揮官，還曾是沙皇亞歷山大一世（Александр I）的侍從官。

一八二一年三月，友誼社在鄂圖曼帝國境內的摩爾多瓦地區（現在的摩爾多瓦共和國）起義，這就是「希臘獨立戰爭」，或稱「希臘革命」的開端。不過，因為這場起義的兵力規模很小，不只沒有獲得當地居民響應，就連原本期待會支援的俄羅斯都沒有派軍援助，結果這場戰事隨即就在六月遭鄂圖曼帝國鎮壓，伊普斯蘭提斯在逃亡過程中死去。

但是，獨立的火焰並未因此熄滅。在友誼社起義後不久，各地人民紛紛奮起。三月二十五日，伯羅奔尼撒半島北部的帕特雷大主教耶爾馬諾斯（Παλαιών Πατρών Γερμανός Γ'），在士兵面前宣誓為獨立而戰。這一天就定為「獨立紀念日」，也是現在希臘共和國的國定假日。

戰爭初期的起義是以各地民眾為主體，沒有特定的領導人物。即使如此，習慣在山林中活動的法外之徒仍善用游擊戰，讓鄂圖曼帝國軍苦不堪言；再加上他們很早就掌控制海權，能夠順利補給武器和物資。同一時期，位於巴爾幹半島西部，相當於現在阿爾巴尼亞一帶的有力人士阿里帕夏（Tepedelenli Ali Paşa）強烈表態獨立，迫使鄂圖曼帝國不得不分調兵力前去討伐鎮壓，此事也助長了獨立陣營的優勢。

同胞相爭

獨立戰爭的參加者依照地區劃分陣營，立場也不盡相同。例如在帝國內擁有地位的希臘有力人士當中，就有人期望可以維持既得的利益，擴大自治權。身為主要戰力的法外之徒也痛恨組織管制，所以各個獨立陣營無法達成共識。

在一八二一年，希臘本土的東部、西部、伯羅奔尼撒半島各自成立了臨時政府。同年十二月，各個臨時政府的代表來到伯羅奔尼撒半島的埃皮達魯斯，召開第一屆國民議會。他們透過議會協商選出了西部的有力人士馬夫羅科扎托斯為代表。翌年一月，他們制定並頒布了主張國民主權的憲法。這部憲法受到法國大革命的初期理念與啟蒙主義影響。後來，各個臨時政府整合，成立了中央臨時政府。

然而，臨時政府依然未能統一方針，在一八二四年之前，希臘獨立軍內部甚至兩度爆發戰鬥。兩次內戰的起因，包括法外之徒和希臘傳統的有力人士發生的權力鬥爭，以及隨著英國援金流入，失去發言權的有力人士發起的反彈。

由於對人民有強烈影響力的君士坦丁堡正教會牧首，已經納入鄂圖曼帝國的權力結構，所以站在反對獨立戰爭的立場。英國、法國、俄羅斯這些歐洲大國，也沒有主動介入希臘的獨立運動。

來自海外的支援

就在希臘人無法團結一致時，歐洲各國的民間人士逐漸出現了支援希臘獨立軍的動向。其中一個主因是十八世紀下半葉以後，歐洲人重新評價古希臘羅馬文化而開始流行親希臘主義。受親希臘主義影響的代表性人物正是英國詩人拜倫（George Gordon Byron）。他在詩集《恰爾德・哈羅爾德遊記》中，有一段寫道他在一八〇九年拜訪希臘時的感想。

「絕美希臘！　你英勇哀慼的面容已逝
逝而不朽　雖敗猶榮！」

這股讚美古希臘的情感，結合了在法國大革命影響下孕育而成、鼓吹精神自由的浪漫主義思想，燃起「要從異邦暴政中解放希臘」的理想，以拜倫為首的志願兵，陸續從西歐各地集結到希臘。

志願兵的集結還有其他理由，在席捲歐洲的拿破崙失勢後，於一八一四年舉行的維也納會議中決定在歐洲重建革命前的政治體制，這就稱作維也納體制。各國再度強化否定自由主義的保守價值觀和王公貴族的權威，試圖維持國際秩序與各國勢力平衡。也就是說，從鄂圖曼帝國手中解放希臘，也是支持法國大革命理念的人們發洩不滿的出口。

此外，法國畫家德拉克羅瓦（Eugène Delacroix）的作品《希阿島的屠殺》，描繪了一八二二年在愛琴海希阿島上，鄂圖曼軍徹底鎮壓希臘居民的事件。這幅畫激發了歐洲民眾對希臘人的同情心。

參加獨立戰爭的希臘人身影，在海外被傳頌為英雄。但是，獨立軍當中也有不少行為殘虐的暴徒。因此，西歐人心目中會令他們聯想到古希臘、溫文儒雅的希臘人印象逐漸破滅，最終了解希臘人地區間、社會階層間的對立，才是這場獨立戰爭的本質。

在大國介入下獨立

在獨立軍處於優勢的一八二四年，埃及軍接受鄂圖曼帝國的請求，開始攻打獨立軍。當時的埃及總督穆罕默德・阿里（Kavalalı Mehmed Ali Paşa）參考法軍的編制組成近代化的軍隊，在鄂圖曼帝國內擁有半獨立的強大勢力。埃及軍控制了愛琴海上的島嶼後，登陸希臘本土征服了各地。希臘獨立軍的戰況如今已是風中殘燭。就在這個階段，歐洲的大國出面了。

當時的歐洲各國想要保持維也納體制下的和平，儘量不介入希臘的戰爭。但是，俄羅斯沙皇亞歷山大一世在一八二五年去世後，國際上出現打算重整維也納體制的動靜。英國、法國、俄羅斯互相猜忌會是誰出面介入希臘獨立戰爭，在東地中海拓展勢力，三國遂於一八二七年七月於倫敦開會協商。這場會議的目的終歸是為了協調三國的利害，絲毫不顧國際發言權微弱的希臘人意願，逕自決定方針。三國共同呼籲鄂圖曼帝國承認希臘獨立，但遭到鄂圖曼帝國拒絕，於是只能果斷採取軍事介入。

一八二七年十月，三國聯軍在納瓦里諾海戰擊敗了鄂圖曼帝國艦隊。翌年，俄羅斯單方面向鄂圖曼帝國宣戰、進攻巴爾幹半島，在希臘獨立戰爭的同時掀起俄土戰爭。另一方面，占領了伯羅奔尼撒半島的埃及軍，則在法軍的逼近下撤退。

在此期間，一八二七年四月，希臘中央臨時政府選了曾在俄羅斯政府擔任外交大臣的希臘人卡波季斯第亞斯（Κόμης Ιωάννης Αντώνιος Καποδίστριας）擔任總統。卡波季斯第亞斯過去加入過七島共和國政府，是曾經受到友誼社邀請出任總司令的人物。翌年，卡波季斯第亞斯正式就任為總統。

長年居住國外的卡波季斯第亞斯，站在不屬於希臘內部任何派系的中立立場，並且善用當外交官的豐富經驗和人脈，與大國協商談判。

因大國介入而頓時屈居劣勢的鄂圖曼帝國，在一八二九年九月和俄羅斯簽訂了亞德里亞堡和約，承認希臘是自治國家。

然而，英國卻要求希臘完全獨立，唯恐希臘成為俄羅斯的一部分。希臘人本身追求獨立的呼聲也很高，因此根據一八三〇年的倫敦議定書，在英國、法國、俄羅斯的保護下，決定希臘是獨立國家。

於是，希臘終於成功獨立，但這並非單靠希臘人本身的意志，而是藉由外國的勢力關係和意圖才得以實現。雖然人民共同使用希臘語、信仰正教會，但這是希臘首次在世界史上建立國家，因此還沒有足夠的國民認同感。

國王為外國人

在獨立戰爭期間，希臘本身，還有英國、法國、俄羅斯之間，都傾向於認為獨立後的希臘政體採取君主制才有優勢。因為希臘人沒有可以統整各個派系的領導者，而且英國、法國、俄羅斯的領袖都認為應該比照自己的國家，由君主和諸侯統治的體制才是正統。

希臘獨立時，國土和國王都是按照英國、法國、俄羅斯的意願而決定。首先是國土，範圍是從佛洛斯到伯羅奔尼撒半島。在這個階段，國土並不包含北部的奧林帕斯山、塞薩洛尼基、克里特島和羅得島。接著是國王，選任的條件是王室成員中對英、法、俄都能採取中立立場的人物。於是在協商過後，選出親希臘主義者巴伐利亞王國路德維希一世（Ludwig I）的次男鄂圖（Otto Friedrich Ludwig）就任為希臘國王。

獨立後，負責領導希臘的總統卡波季斯第亞斯，為了避免希臘人同胞內鬨，而將獨立戰爭中活躍的有力人士排拒在權力結構外。但他的作法卻引起反彈，有力人士在一八三一年暗殺了卡波季斯第亞斯。之後，希臘國內的政局變得動盪不安，內亂頻傳。

一八三二年二月，英國、法國、俄羅斯和鄂圖曼帝國簽訂了君士坦丁堡條約，

「希臘王國」正式成立。一八三三年一月，首任國王鄂圖從巴伐利亞來到希臘後，各個勢力姑且先歡迎國王上任。鄂圖當年只有十七歲，即位後，頭銜改為帶有希臘風格的鄂圖一世（Όθων, Βασιλεύς της Ελλάδος）。不過，受到鄂圖曼帝國統治的君士坦丁堡正教會牧首不承認希臘獨立，所以就在同年，希臘政府下令國內的教會脫離君士坦丁堡牧首轄區而獨立。

首都應該設在哪裡？

希臘獨立初期，是以伯羅奔尼撒半島的納夫普利翁作為臨時首都，到一八三四年才遷都雅典。當時的雅典人口大約是一萬兩千人，只是座小城市，但西歐的親希臘主義者都認為「雅典是古希臘文明的象徵，正符合首都形象」。雖然希臘國內也有同意這種觀點的人，但也有人主張應當奪回伊斯坦堡作為首都。因為當時大多數的希臘人，認為比起遠古希臘的榮耀，信仰正教會的拜占庭帝國才是自己的根源。

希臘領土的擴張（19世紀）

希臘內部在這之後依舊聲稱要將領土擴張到伊斯坦堡，這種思想稱作「偉大理想」（Μεγάλη Ιδέα，又稱大希臘主義）。從此以後，希臘國民就在大希臘主義的深化下凝聚向心力。

不受青睞的首任國王

希臘在獨立後，中央政府的權力無法充分涵蓋大部分的國土，各地人民仍依靠過去的地緣和血緣等各種關係過活。受過高等教育的社會階層很少，各個地區的武裝勢力分立，沒有組織正規的國家軍隊。

因此，鄂圖一世打算效仿西歐各國，將希臘建設成具備近代制度的國家，於是下令從祖國陪同而來的攝政委員整頓行政和軍隊制度。為了培育擁有高度知識的人才，一八三七年創立了雅典大學。不過，因為國家財政支出龐大，加上國王推動的國家建設並未顧及希臘人的意願，導致國民怨聲載道。

這時，以外交大臣馬夫羅科扎托斯為首的希臘政治家，主張應導入立憲君主制，以憲法為依歸，限制國王的權力，但鄂圖一世並未回應。於是在一八四三年九月，駐紮於雅典的軍隊發起政變，包圍了王宮。鄂圖一世這才讓步，答應導入憲法。

希臘召開了新設的國民議會，開始研討憲法的條文，最後在一八四四年三月頒布憲法。在這部憲法中，議會採取二院制，分別是終身議員組成的上議院，和國民選舉中選出的議員組成的下議院。

雖然制定了憲法，但政壇依舊亂七八糟。希臘獨立時有英、法、俄三國作為後盾，所以國內政治家也分成了親英派、親法派與親俄派，再加上地區和社會集團之間的對立，導致政權動盪不安。在這種局勢下，是基督信仰支持了國民精神上的一體感。但是，希臘的獨立教會又與隸屬鄂圖曼帝國的君士坦丁堡牧首對立，所以一直無法正式任命神職人員。為了解決這個問題，東正教圈最大的強國俄羅斯向君士坦丁堡牧首施壓，才終於在一八五〇年正式承認希臘獨立教會。

除了正教會信仰以外，當時的希臘國民之間也都具備大希臘主義思想。在這股風潮滲透希臘的一八五三年十月，企圖擴張勢力的俄羅斯和鄂圖曼帝國在巴爾幹半島和黑海周邊爆發了克里米亞戰爭。這一年正值君士坦丁堡淪陷四百週年，希臘社會中主張「趁現在從鄂圖曼帝國手中收復領土！」的聲浪高漲，鄂圖一世默許受到愛國精神驅使的非正規軍隊入侵鄂圖曼帝國領土，而且，大多數希臘人也都支持俄羅斯陣營。

另一方面，英國擔心俄羅斯朝地中海拓展勢力，於是加入鄂圖曼帝國陣營。英國和法國為了阻止希臘暴徒的行動，施壓希臘封鎖雅典的外港比雷埃夫斯港，小國希臘只能聽從英國和法國的要求。一八五六年，克里米亞戰爭以俄羅斯戰敗收場，希臘錯失了擴張領土的機會。

過去的強權統治加上克里米亞戰爭失敗，使鄂圖一世不得民心。再加上鄂圖一世始終是天主教徒，這一點也讓國民更加不滿。這些隱憂最終於一八六二年十月爆發，軍隊發起政變、罷黜鄂圖一世。英國、法國、俄羅斯早已放棄不受國民青睞的鄂圖一世，並不支持他復位。鄂圖一世只好離開希臘，回到故鄉巴伐利亞。據說他在退位後依然眷戀希臘文化，經常穿著希臘的民族服裝。

國家宣布破產

希臘國民期望下一任國王是英國王室出身，但是英、法、俄之間承諾過不得有任一國家的人物就任希臘國王，所以在一八六三年，丹麥王子格奧爾格（Georg）以喬治一世（Γεώργιος Α'）的名義即位。這時，喬治一世按照希臘國民的期望改宗正教會，並且在一八六四年將舊英國領土愛奧尼亞群島收復為希臘領土。

在新國王即位後的一八六四年，制定以國民主權為骨幹的新憲法，導入由憲法明確規定國王權力範圍的立憲君主制。議會則廢除了上議院，採取一院制，二十一歲以上的男性國民都有普通選舉權。這部憲法在當時的歐洲屬於先進的法律。

不過，在改成議院內閣制的一八七五年以前，希臘組過幾十個內閣，可見政權並不穩定。在議院內閣制成立以後，政權都是由推動效仿西歐改革政策的特里庫皮斯派，與強調愛國主義又保守的德利吉安尼斯派，這兩大勢力反覆輪替。特里庫皮斯派不憑有力人士的人脈，而是依實力聘用官員，還整頓了道路和鐵路、徵收菸酒稅等間接稅金來確保國庫財源，但因為政策沒能立即見效，導致慢性的財政

當時的日本

為了修改與各國簽訂的不平等條約，日本在1871年派出遣歐美使節團（岩倉使節團），目的是預先和各國談判。隨行的福地源一郎在途中奉命調查希臘、鄂圖曼帝國、埃及的外國人審判制度，當時的報告就收藏在日本國立公文書館內。

虧損。德利吉安尼斯派批評特里庫皮斯派實施的這些政策，並展現出大希臘主義的領土擴張思想、與鄂圖曼帝國對決的姿態，贏得廣泛的支持。

國外方面，俄羅斯贏了一八七七年發生的俄土戰爭。在戰後召開的柏林會議中，以英國、法國、俄羅斯為首的各個國家，討論如何重組巴爾幹半島和東地中海的勢力範圍。結果，塞爾維亞獨立，保加利亞獲得自治權。而英國和法國強力支持希臘取得色薩利，與鄂圖曼帝國談判後，在一八八一年，色薩利和伊庇魯斯的一部分正式成為希臘領土。

穆斯林和基督徒共同居住的克里特島，從獨立戰爭時期開始，民眾要求併入希臘領土的運動就已經很活絡了。但是在希臘王國成立後，克里特島仍受到鄂圖曼帝國統治，十九世紀以後，基督徒的人口增加了。在這種狀況下，克里米亞戰爭觸發西歐基督教國家在東地中海擴張勢力，愛奧尼亞群島成為希臘領土，這些發展刺激克里特島，於是從一八六〇年代開始，克里特島要求併入希臘的運動再度熱絡起來。島上不停發生基督徒希臘人和穆斯林土耳其人的武裝衝突。

希臘王室家系圖

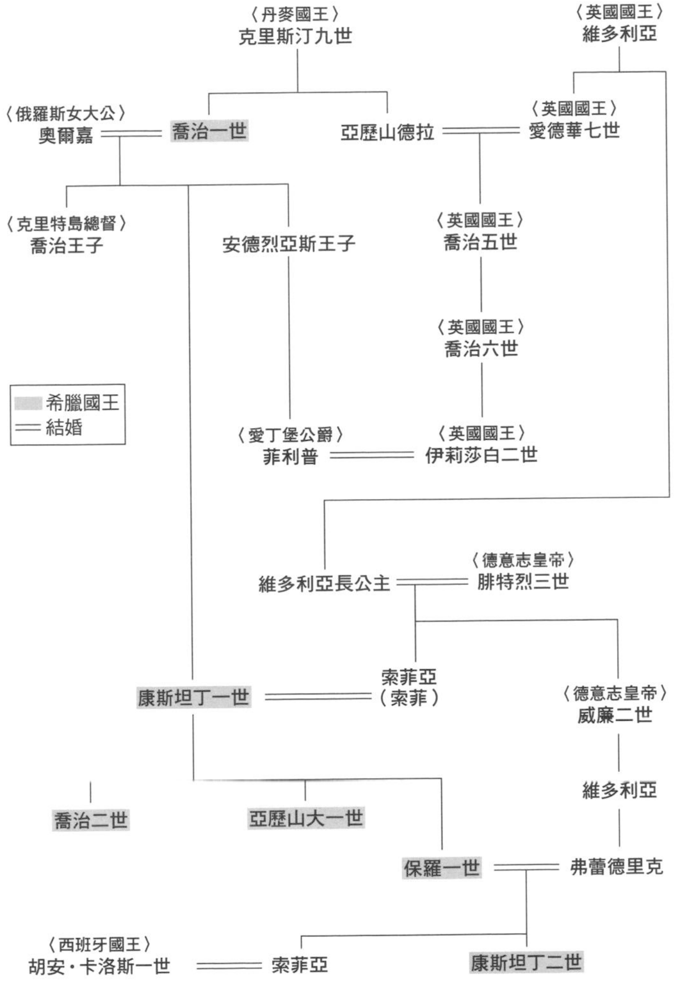
〈丹麥國王〉
克里斯汀九世
〈英國國王〉
維多利亞
〈俄羅斯女大公〉
奧爾嘉
喬治一世
亞歷山德拉
〈英國國王〉
愛德華七世
〈克里特島總督〉
喬治王子
安德烈亞斯王子
〈英國國王〉
喬治五世
〈英國國王〉
喬治六世
希臘國王
結婚
〈愛丁堡公爵〉
菲利普
〈英國國王〉
伊莉莎白二世
維多利亞長公主
〈德意志皇帝〉
腓特烈三世
索菲亞
（索菲）
康斯坦丁一世
〈德意志皇帝〉
威廉二世
維多利亞
喬治二世
亞歷山大一世
保羅一世
弗蕾德里克
〈西班牙國王〉
胡安・卡洛斯一世
索菲亞
康斯坦丁二世

一八九〇年代，希臘慢性惡化的財政問題更加嚴重，無力償還海外各國的債務，於是在一八九三年宣布破產。

移民後代活躍國際

財政破產後，希臘接受外國的指導，由國際機構監督財政狀況。在這段時期，從一八六〇年代起，葡萄出口過剩的問題越發嚴重，導致價格低靡。不僅如此，廉價的南美農產品流入歐洲後，造成希臘所有農產品價格下跌，使農村愈來愈貧困。

貧窮的希臘人開始移居美洲大陸，移民人數在一八九〇年至一九一四年間攀升到大約三十五萬人，將近人口的百分之二十。這群移民大多會一直把錢寄回母國，對於改善希臘經濟貢獻良多。

遠渡美洲大陸的希臘移民後代，也有很多知名人物。像是出生在紐約的歌劇歌手瑪麗亞・卡拉絲（Μαρία Κάλλας），長大後曾到父母的祖國希臘的雅典音樂學院學習，在歐洲樂壇十分活躍。

從鄂圖曼帝國移民到美洲大陸的希臘人也不少。一九五〇年代的熱門電影《伊甸之東》、《欲望號街車》的導演伊力・卡山（Elia Kazan），就是伊斯坦堡出身的希臘裔移民。出生於士麥那的亞里士多德・歐納西斯（Αριστοτέλης Ωνάσης）移民阿根廷，在第二次世界大戰後憑著大西洋貿易成為億萬富翁，有希臘船王之稱。

奧林匹克運動會復活

一八九六年，有一件讓希臘人引以為傲的事情實現了。那就是舉辦現代奧林匹克運動會。

當時的日本

1891年，希臘王子喬治陪同表哥，即俄羅斯皇太子尼古拉（後來的皇帝尼古拉二世）拜訪日本。在訪問途中，尼古拉遭到日本警官襲擊時，喬治曾經幫忙阻擋兇手。這場意外史稱大津事件。

法國教育家古柏坦（Pierre de Coubertin）從很久以前就開始呼籲各國復興奧運會，目的是透過競技協調國際關係。於是，國際奧林匹克委員會（IOC）在一八九四年成立，第一屆就在奧運發源地希臘的首都雅典舉行。其中的熱門競賽項目馬拉松，還是由希臘青年斯皮里宗・路易斯（Σπυρίδων Λούης）贏得冠軍。

克里特島的國際糾紛

奧運的舉辦，是希臘在國際社會上展現正面形象的好機會。然而，並不是凡事都能讓希臘稱心如意。

在舉辦奧運的一八九六年，克里特島的希臘人發起暴動；翌年，希臘計劃出兵併吞克里特島，因而與鄂圖曼帝國開戰。希臘在這場戰爭敗給鄂圖曼帝國，不過在大國的協調下，克里特島擁有自治權，由喬治一世的次男喬治王子擔任總督。

一九〇八年，因領土問題而與希臘對立的鄂圖曼帝國發生了巨變。提倡近代化改革的「統一進步協會（青年土耳其黨人）」發動革命，導入立憲君主制。巴爾幹半島趁著這場政變，高呼要脫離鄂圖曼帝國獨立。這時，克里特島的希臘居民宣布與希臘合併，但是在英國、法國、俄羅斯的干涉下失敗。

希臘國民對於不敢合併克里特島的政府愈來愈不滿，軍隊趁機發起政變。掌握實權的軍方高層為了打破現狀，便邀請克里特島出身的有力政治家埃萊夫塞里奧斯・韋尼澤洛斯（Ελευθέριος Βενιζέλος）。韋尼澤洛斯是一八九六年克里特島起義的中心人物之一，不屬於希臘國內的任何政治派閥，是背負著國民期待的新領袖。

一九一〇年，韋尼澤洛斯在大選中獲得議會的支持，就任為首相。此後，他修改憲法、引進義務教育、軍隊近代化、公平任用公務員、保障農民和工人的權利，推動了許多改革政策。

國土擴張約兩倍

鄂圖曼帝國受到青年土耳其黨人革命影響、政權搖擺不定時，巴爾幹半島上的保加利亞獨立建國，而奧匈帝國（以下簡稱奧地利）併吞了波士尼亞和赫塞哥維納。俄羅斯為了對抗奧地利和鄂圖曼帝國，於是支援巴爾幹半島的斯拉夫系國家，在俄羅斯的仲介下，希臘、塞爾維亞、保加利亞、蒙特內哥羅這四個國家組成「巴爾幹同盟」。此外，奧地利和俄羅斯趁著鄂圖曼帝國衰退而擴大勢力，導致巴爾幹半島的情勢動盪不安，被視為「歐洲火藥庫」。

一九一一年九月，鄂圖曼帝國和義大利為爭奪現在的利比亞北部而開戰。當戰爭

希臘領土的擴張（20世紀以後）

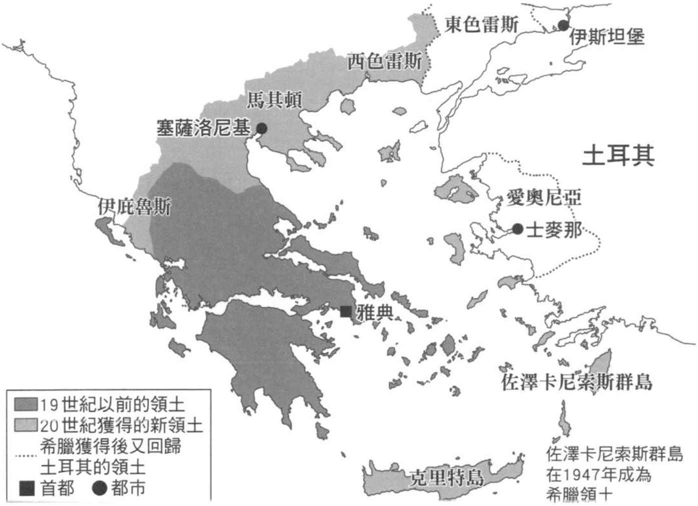

演變成長期戰後，巴爾幹同盟眼見機不可失，便於一九一二年十月向鄂圖曼帝國宣戰，引發第一次巴爾幹戰爭。這時，鄂圖曼帝國正在與義大利作戰，導致兵力無法集中，因此巴爾幹同盟占了上風。

結果，雙方根據一九一三年五月簽訂的倫敦條約，承認阿爾巴尼亞獨立，而且鄂圖曼帝國需要將巴爾幹半島上的大部分領土轉移給巴爾幹同盟。不過，帝國放棄的領土當中關於馬其頓地區的分配問題，卻導致巴爾幹同盟內布分裂。

於是在一九一三年六月，爆發了第二次巴爾幹戰爭。希臘和塞爾維亞一同進攻保加利亞，打算收復失地的鄂圖曼帝國、和保加利亞爭奪黑海沿岸領土的羅馬尼亞，也群起攻打保加利亞。四面楚歌的保加利亞一敗塗地，於同年八月簽署和約。

因此，希臘獲得了包含塞薩洛尼基在內的馬其頓南部與伊庇魯斯的大多數土地，國土擴張成原本的兩倍左右。馬其頓南部的土地，也包含古代馬其頓王國的領土；但如今的狀況已和古代大相逕庭，當地不只住了希臘人，還有許多說斯拉夫語系的民族與穆斯林，導致希臘國內又出現了少數民族問題。

世界大戰將國內分裂為兩派

在巴爾幹半島以外，俄羅斯為了對抗奧地利和德國，與英國、法國組成三國協約。另一方面，德國和奧地利則是拉攏計劃收復巴爾幹半島失土的鄂圖曼帝國和保加利亞。在兩方陣營的關係逐漸緊繃的一九一四年六月，奧地利皇儲夫婦在塞拉耶佛遭到塞爾維亞青年暗殺。這場塞拉耶佛事件導致奧地利向塞爾維亞宣戰，俄羅斯加入塞爾維亞陣營參戰後，雙方的同盟各國都陸續參戰，演變成世界大戰。德國、奧地利、保加利亞、鄂圖曼帝國組成同盟國，英國、法國、俄羅斯等國則組成協約國（連合國）。

希臘起初是採取中立立場，但英國卻提議只要以協約國的身分參戰，就承認希臘取得安納托利亞半島西部的土地，因此首相韋尼澤洛斯答應參戰。這是因為安納托利亞半島西部的士麥那有很多希臘人居住。然而，一九一三年即位的希臘國王康斯坦丁一世（Κωνσταντίνος Α'）卻拒絕以協約國的名義參戰，因為他年輕時曾留學德國，迎娶了德意志皇帝威廉二世（Wilhelm II）的妹妹索菲亞（Sophia Dorothea Ulrike Alice）為妻，屬於親德派。

一九一五年十月，首相韋尼澤洛斯在與國王爭執後辭任，在塞薩洛尼基建立了雅典之外的另一個政府，希臘國內分裂成支持國王與支持首相的派系。接受協約國支援的韋尼澤洛斯，在一九一七年六月要求國王遜位，康斯坦丁一世別無他法，只好將王位傳給次子亞歷山大一世（Αλέξανδρος Α΄）。

新國王的權力受到限制，掌握實權的韋尼澤洛斯帶領希臘加入協約國參戰。大戰在一九一八年十一月以協約國勝利告終，希臘成為戰勝國的一員。

領土問題終於劃上句點

在世界大戰結束的翌年一九一九年一月到六月，各國召開了討論戰後處置的巴黎和會。成為戰敗國的鄂圖曼帝國領土遭到協約國割讓，希臘獲得保加利亞到西色雷斯的地區；並且在英國的支持下獲得士麥那，希臘軍在同年五月占領了鄂圖曼帝國的士麥那及其周邊地區。

另一方面，鄂圖曼帝國的青年土耳其黨人（統一進步協會）在戰後持續反對協約國割讓領土，與攻來的希臘軍爆發戰爭。從此展開了希臘和鄂圖曼帝國之間的戰爭（希土戰爭）。

第一次世界大戰時的兩大陣營

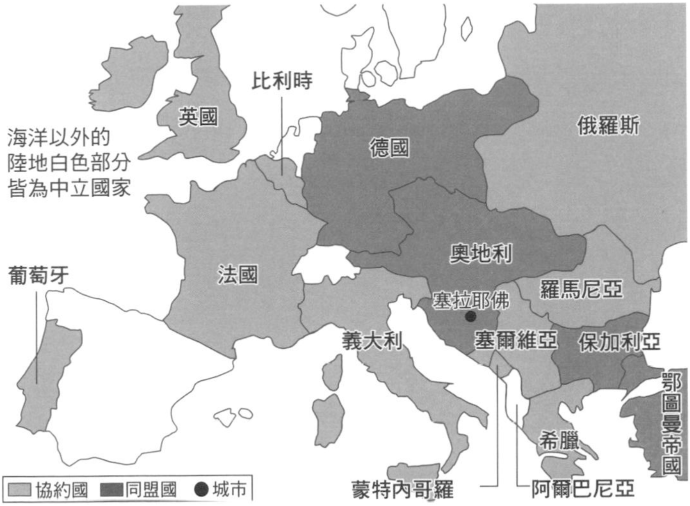

但是，當時的蘇丹穆罕默德六世（VI. Mehmed）滿心只想著延續帝國和保護伊斯坦堡，不僅接受協約國占領伊斯坦堡，還在一九二〇年八月與協約國簽訂色佛爾條約，承認領土分割。於是，士麥那以及其周邊區域都劃入希臘的領土。相較之下，鄂圖曼帝國軍人凱末爾帕夏（Mustafa Kemal Paşa）已放棄寄望帝國政府，發起抗爭。從土耳其歷史的觀點來看，與希臘軍為敵的土耳其獨立戰爭從這個時候才真正開始。凱末爾等人在安納托利亞半島內陸的安卡拉，建立了有別於帝國政府的大國民議會政府。

同年十月，希臘國王亞歷山大一世猝逝。在十一月舉行公民投票後，決定由康斯坦丁一世復位，對立的韋尼澤洛斯於是辭去首相一職、流亡國外。

希臘軍仍持續作戰，但在一九二二年敗給了凱末爾率領的安卡拉政府軍，被迫撤離士麥那。希臘國內因為戰敗而發起了軍事政變，康斯坦丁一世退位，由長子喬治二世（Γεώργιος Β'）繼位，但實權依然掌握在韋尼澤洛斯派的軍官普拉斯提拉斯（Νικόλαος Πλαστήρας）手上。

在政變之際，喬治一世的兒子安德烈亞斯王子（Ανδρέας）和家人一起流亡國外，最後遠渡英國。他的兒子菲利普（Philip）後來成為英國前女王伊莉莎白二世（Elizabeth II）的丈夫（愛丁堡公爵菲利普親王）。

成功趕走希臘軍的凱末爾取代帝國政府，掌控了安納托利亞半島大部分地區，在一九二二年十一月宣布廢除蘇丹制。翌年七月，大國民議會政府和協約國簽訂洛桑條約，撤廢了先前的色佛爾條約，除了英布羅斯島、特內多斯島、十二群島以外，所有愛琴海上的島嶼都歸希臘所有。十月，凱末爾宣布建立土耳其共和國。

隨著土耳其共和國的成立，希臘也不得不放棄大希臘主義。希臘和土耳其之間也交換了居民，讓來自舊鄂圖曼帝國領土各地超過一百萬人的希臘裔居民移居希臘。由於其中大多數人使用的語言和生活習慣都與希臘本土有很大的差異，花了數十年才終於適應希臘的社會。

廢除的君主制再度復活

從第一次世界大戰起就不斷與國王衝突的韋尼澤洛斯派之間，要求廢除君主制的呼聲逐漸高漲。一九二四年四月，公民投票決定廢除君主制，建立共和體制。自一九二二年的軍事政變以來，國王便處處遭受國民唾棄，喬治二世早已流亡海外。即使如

此，政壇上的保王派和韋尼澤洛斯派仍持續鬥爭。一九二八年七月，韋尼澤洛斯重掌政權，竭力改善希臘與巴爾幹半島各國、土耳其的關係。

一九二九年，美國股市暴跌引發全球經濟大蕭條，希臘經濟也大受打擊，無力償還外債，陷入嚴重的財政危機。韋尼澤洛斯束手無策，在一九三三年三月的選舉中敗選下台。

就在保王派勢力重新崛起的時候，韋尼澤洛斯派發起政變，但以失敗收場，涉入政變的韋尼澤洛斯只得流亡法國。一九三五年十一月，希臘恢復君主制，喬治二世復位。翌年，韋尼澤洛斯在流亡地去世。希臘人至今仍無法定義韋尼澤洛斯作為一名政治家的價值，不過希臘在二〇〇一年啟用的雅典國際機場，其正式名稱卻是以他的名字命名，是為「埃萊夫塞里奧斯・韋尼澤洛斯國際機場」。

在第一次世界大戰末期發生於俄羅斯的社會主義革命，催生了蘇維埃聯邦社會主義共和國（以下簡稱蘇聯）。革命的餘波也擴散國外，一九二〇年代，各國的共產勢力紛紛崛起，蘇聯共產黨皆在背後支援。希臘在一九三六年舉行的選舉，也有追求激進社會改革的共產黨取得議席。

唯恐共產主義擴張的喬治二世，在一九三六年一月任命退役軍官，同時也是極右少數派政黨黨魁伊奧尼斯・美塔克薩斯（Ιωάννης Μεταξάς）為首相。美塔克薩斯限制國民的自由，建立起徹底鎮壓共產黨和工會活動的獨裁體制。

再度卷入大戰之中

這時，義大利墨索里尼（Benito Mussolini）率領的法西斯黨，德國希特勒（Adolf Hitler）率領的納粹黨，各自高呼民族團結的口號、吸引大批國民支持，建立了一黨獨裁的體制。美塔克薩斯也仿而效之，鼓吹融合古代城邦（尤其是斯巴達）文化和拜占庭帝國時代基督教價值觀的希臘民族主義。不過，支持美塔克薩斯的政治組織並沒有像法西斯黨和納粹黨如此大眾化，所以軍隊的指揮權依然掌握在國王手中。

美塔克薩斯在青年時期曾在德國接受士官教育，對德國和義大利的獨裁體制較有共鳴，但是基於國防的觀點，還是選擇與英國維持邦交。

一九三九年九月，德國侵略波蘭，英國和法國向德國宣戰，第二次世界大戰就此展開。

起初美塔克薩斯採取中立，但因為義大利進攻希臘，而在一九四〇年十月二十八日與軸心國宣戰。順便一提，希臘將這一天視為「參戰紀念日」，屬於國定假日。

抵抗勢力奮起

獨裁者美塔克薩斯未曾屈服於外國的侵略，這一點深受國民肯定，不過他在一九四一年一月病逝；同年四月，德軍入侵希臘。德國為了掌控英軍在北非的戰鬥補給路線，打算占領巴爾幹半島。

成為希臘新首相的科里齊斯（Αλέξανδρος Κορυζής）向英國求助，於是英國派出援軍前往希臘。但是，擁有強大戰車隊和航空隊的德軍，把希臘軍和英軍打得落花流水。四月二十七日，德軍占領雅典，五月中旬掌控了希臘全土。科里齊斯開槍自殺，其他政府高層和國王逃往克里特島後，又前往英國勢力範圍下的埃及。

於是，希臘遭到軸心國的德國、義大利、保加利亞瓜分占領。在塞薩洛尼基占了人口約百分之二十的猶太人，則被德軍押送到集中營。

德軍的占領策略非常殘酷，強制徵收希臘各地的糧食和礦物資源，結果導致希臘的糧食自給率更加低落，從一九一四年末到翌年有超過二十萬人餓死。所有物資都被德軍搶走，沒能流通到市面，造成物價上升，經濟蒙受嚴重的通貨膨脹。

希臘國民當然沒有坐以待斃，各地發起了抗爭運動，並組成各種組織。起初，抗爭組織都是各自為政，不過後來整合成以共產黨為中心的希臘民族解放戰線（簡稱EAM）。希臘民族解放戰線成立了軍事組織希臘人民解放軍（簡稱ELAS）以後，利用游擊戰解放了被軸心國軍占領的地區。發展成最大抗爭勢力的希臘民族解放戰線及其合作者，在全盛時期多達希臘人口的三分之一，大約為兩百萬人。

另一方面，以往反對美塔克薩斯的勢力與共和制支持者組成的民族共和主義希臘同盟（簡稱EDES），則是與希臘民族解放戰線撇清關係，獨自展開抗爭運動。

一九四三年十月，民族共和國主義希臘同盟和希臘民族解放戰線發生衝突。原因是後者察覺埃及的希臘流亡政府和英國，打算吸收前者，以便掌握戰後的國內主導權，於是才爆發衝突好維持現有的優勢。

一九四四年六月，英軍和美軍大型部隊登陸德國占領的法國，迅速驅逐了歐洲各地的德軍。最後到了十月，希臘也終於擺脫了軸心國軍的占領。

就在戰爭的結尾即將到來之際，英國首相邱吉爾（Winston Churchill）和蘇聯最高領導人史達林（Ио́сиф Виссарио́нович Ста́лин），會面商討戰後彼此的勢力範圍。他們不顧巴爾幹半島各國的意願，將羅馬尼亞劃入蘇聯的勢力範圍，希臘則納入英國的勢力之下。

埃及流亡政府回到希臘後，在英國的支援下建立了韋尼澤洛斯政權，由有力政治家喬治奧斯・帕潘德里歐（Γεώργιος Παπανδρέου）擔任新政府的首相。帕潘德里歐將占據希臘各地的希臘民族解放戰線和希臘人民解放軍視為威脅，下令他們解散並解除武裝，但是在一九四四年十二月三日，希臘民族解放戰線的支持者在雅典發起大規模的抗議示威活動。政府與英軍合作鎮壓了示威隊伍，但這場「十二月事件」卻為希臘揭開了內戰的序幕。

現代希臘語的成形

自從希臘人開始著手建立獨立國家以後，重新評價希臘獨特文化的運動便越發普遍。起初，由於希臘與遠古歷史之間的斷層太大，民眾大多認為古希臘人和自己沒有關聯。不過，歐洲的親希臘主義逐漸提升希臘的形象以後，人民也漸漸了解自己的國家。除了德國和法國等各國協助發掘希臘的古代遺跡以外，希臘人也開始想要主動保護古代的遺物，於是建設了雅典國立考古博物館和衛城博物館。

此外，也有人鼓吹復興古典希臘語，為國民建立身為希臘人的共識和有歷史淵源的民族自尊。因為當時的希臘人使用的通俗希臘語（Δημοτική），詞彙和文法都深受塞爾維亞、保加利亞，以及曾經統治過愛琴海島嶼的威尼斯，還有鄂圖曼帝國這些外國語言的影響。

但是，就現實層面來說，根本不可能直接恢復古典希臘語。因此有學者提出去除通俗希臘語中的外語元素，建立接近古典希臘語的純正希臘語（Καθαρεύουσα）。政府、地方行政機構、法院、高等教育設施都採用純正希臘語作為官方通用語言。貧窮階層出身者只要能夠精通純正希臘語，就有資格擔任政府要職，所以很多受過高等教育的年輕人都支持純正希臘語。不過，接受高等教育的人有限，導致兩種希臘語混用的不便狀況持續了很久。

此時也有作家用通俗希臘語發表詩歌和小說。但是將聖經、古典文學作品的希臘語「翻譯」成通俗希臘語，對於重視傳統的保守政治家和正教會來說是天理難容的行為。在一九〇一年十一月，這些人就針對把《新約聖經》的福音書「翻譯」成通俗希臘語的報社，發起大規模的抗議運動，還與軍隊發生衝突，造成傷亡。

然而，希臘在巴爾幹戰爭和第一次世界大戰後獲得馬其頓周邊的舊鄂圖曼帝國領土，那裡有很多不諳希臘語的居民，為了同化他們，教導他們好學又白話的通俗希臘語是比較合理的作法。

重視傳統價值觀的政治家都傾向於使用純正希臘語，不過像美塔克薩斯這樣威權的保守派人士，也為了獲得廣大國民支持而使用通俗希臘語。在第二次世界大戰時期，希臘民族解放戰線在從軸心國解放的地區使用通俗希臘語作為通用語言，讓通俗希臘語的使用更加廣泛。

在戰後的軍事政權時代雖然也貫徹了純正希臘語的使用，但在一九七六年，通俗希臘語還是成了官方通用語言。背景在於希臘逐漸民主化，而且廣播、電視節目等大眾媒體也幾乎都使用通俗希臘語。不過，學術相關的專門用語，至今仍大多使用以古典希臘的學術用語為基礎的純正希臘語。

祕密專欄

希臘的國旗和國歌

條紋的數量來自建國的典故

提到希臘，應該很多人都會想到碧藍海洋和白色大理石的建築吧。希臘的國旗就是用這個藍色和白色所組成。

國旗上的藍色代表海洋，白色是天空，左上角的白色十字則象徵著信仰之心。九條條紋的由來流傳多種説法，像是源自希臘神話中宙斯的九個女兒，或是一八二一年開始的獨立戰爭總共持續了九年，還有獨立戰爭中「不自由，毋寧死」的口號，在希臘語中有九個音節等諸多解釋。

這個設計原本是用於船舶航行於海上時升起的旗子，在希臘獨立當時，國旗只有左上角的藍底白十字圖案而已。後來又在中間加上王冠、從淺藍色改成深藍色、描上金邊，改過好幾次設計。現在的圖案，是從一九七八年才開始使用。

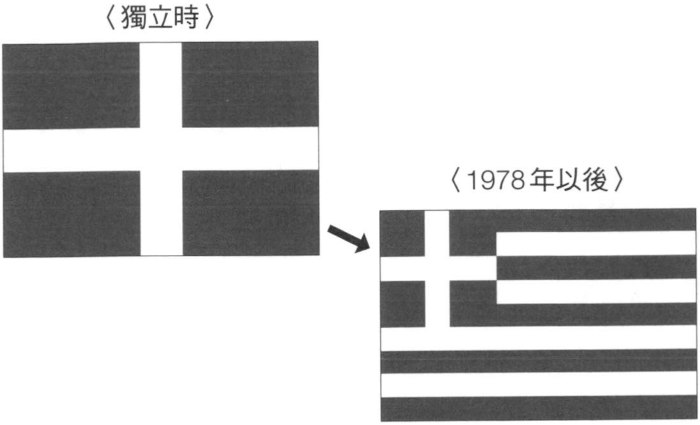

希臘國歌《自由頌》所填的歌詞，使用的是獨立戰爭時期詩人狄奧尼修斯・索洛莫斯（Διονύσιος Σολωμός）所做的詩。對應「不自由，毋寧死」的口號，歌詞最後有一句「自由萬歲」。在國際場合上，國歌只會唱前面兩節；要是將一百五十八節全部演奏完畢，需要五十五分鐘，是全世界最長的國歌。

希臘裔居民占了總人口八成的賽普勒斯共和國，也一樣採用《自由頌》作為國歌。

從一八九六年開始舉辦的現代奧林匹克運動會，為了向古代奧運發祥地希臘致敬，在閉幕典禮上一定會升起希臘國旗，同時演奏希臘的國歌。

深愛日本的愛奧尼亞海島作家

列夫卡迪奧・赫恩

Lafcadio Hearn

（1850～1904）

將日本文化傳遞到海外

列夫卡迪奧・赫恩（Πατρίκιος Λευκάδιος Χερν）坐落在愛奧尼亞海上的萊夫卡斯島，父親是英國人，母親則是希臘人。這座島嶼在1864年前曾是英國領土，現在則歸屬希臘。

他在1890年前往日本，在島根縣松江市的中學擔任英語教師，後來又任教於熊本第五高等中學、（東京）帝國大學。他居留在松江市時，和日本女性小泉節子結婚、歸化日本，改名為小泉八雲。

當時的日本正逐漸吸收西洋文化、急速發展，但八雲卻格外專注於和古希臘一樣有多神教文化根基的日本古典作品和民間故事。

他不僅出版了介紹日本文化的《日本瞥見記》英語版，還創作了《怪談》、《骨董》等流傳至今的怪談文學，還有諸篇小說以及《神國日本》等文化研究散文。

chapter 6

今日的希臘

希臘同胞相爭

二戰末成立的新政府以英國為後盾，於一九四五年二月與敵對的希臘民族解放戰線簽訂瓦爾基扎協定，雙方停戰。根據協定，希臘人民解放軍也宣布解散。

同年五月，德國投降，歐洲方面的大戰結束，但是希臘內戰卻尚未停止。因為在二戰中，政府持續打壓支持希臘民族解放戰線的勢力。希臘民族解放戰線的成員不只共產黨員，還有保守的共和支持者，但政府一律等同視之。然而只要是反共產主義者，就算曾在大戰中幫助過德軍，也不會受到處罰，還能受聘為軍警人員。

共產主義者組成的反政府勢力被逼得走投無路，原本應當協助他們的蘇聯卻袖手旁觀。因為在終戰前夕，蘇聯與英國簽訂瓜分巴爾幹半島的密約。於是，以共產黨員為首的左翼共產主義者遭到孤立，只能逃向希臘各地的山區。

一九四六年三月，在希臘共產黨棄權的局勢下舉行選舉，結果擁戴君主制的派系大勝，九月迎回國王喬治二世。希臘共產黨則組成新的軍隊，不斷發起游擊戰。

不久後，國際社會形成了自由主義陣營的領袖美國，和共產主義陣營的領袖蘇聯對立的結構，這就是所謂的冷戰。巴爾幹半島的保加利亞、南斯拉夫各自成立共產政權，阿爾巴尼亞原本就已經建立共產政權，所以與這些國家相鄰的希臘等於是處在冷戰最前線。

然而，英國的國力因為大戰而衰退，沒有餘力支援希臘政府。因此在一九四七年三月，美國總統杜魯門（Harry S. Truman）出手支援希臘政府和土耳其政府，發表了封鎖共產主義勢力擴大的外交政策（杜魯門主義）。這一年，喬治二世猝逝，由其弟保羅一世（Παύλος Α΄）就任為新國王。

希臘政府軍在美國的軍事、經濟支援下強化了力量，陸續逮捕了共產黨的支持者及其親族，將他們送到收容所處死，或是流放國外。一九四九年一月，堅定的君主制支持者亞歷山大・帕帕哥斯（Αλέξανδρος Παπάγος）就任為政府軍的總司令後，政府軍在美軍的指導下加強攻勢，在八月幾乎消滅了民主軍勢力，終結了內戰。在內戰期間，一九四六年到一九四九年的死亡人數，大約是十五萬八千人。

作為自由陣營參戰

在希臘內戰終結後不久的一九五〇年六月，接受蘇聯軍援的朝鮮民主主義人民共和國（北韓），突然進攻以美國為後盾的大韓民國（南韓），韓戰就此爆發。第二次世界大戰後成立的聯合國，在蘇聯代表缺席的狀況下表決決議支援南韓，派出以美國為中心的聯合國軍隊（多國聯軍）前往朝鮮半島。貫徹反共產主義的希臘政府也派兵參戰。

這場韓戰更加提高了美國對共產主義的戒備，深入介入希臘的內政。在韓戰前舉行的一九五〇年三月的選舉當中，雖然主張反共的人民黨成為第一大黨，但根據當時希臘的選舉制度，議席卻是保守的中立派過半。打算將希臘作為反共堡壘的美國用經濟援助作為要挾，迫使反共的右派政黨修改成有利的選舉制度。結果，鼓吹反共的希臘聯盟的創黨人帕帕哥斯，在一九五二年十一月的選舉中勝出。之後的三年皆由帕帕哥斯擔任首相，持續穩定的政權。

在這個時期前後，美國為了牽制希臘附近的共產主義陣營，和西歐的自由主義陣營組成北大西洋公約組織（NATO），希臘也成為其中一員。

帕帕哥斯政權在美國公然介入下，希臘在一九五三年答應建設美軍基地、開放美軍駐紮。一九五五年，帕帕哥斯在任期中去世，國王任命其中一位閣員卡拉曼利斯（Κωνσταντίνος Γ. Καραμανλής）擔任首相。卡拉曼利斯將希臘聯盟重組成為民族激進聯盟，在翌年二月的選舉中勝選。另外，從這場選舉開始，女性也擁有參政權。

卡拉曼利斯繼承了帕帕哥斯的方針，重建內戰後的希臘經濟。一九五〇年代後半到一九六〇年代，他推動住宅建設和通訊基建設施的整頓，使得從事

當時的日本

韓戰爆發後，駐紮日本的美軍前往戰場作戰，因此日本才開始發展警察預備隊（後來的自衛隊）。而且，這場戰爭需要的物資是由日本負責接單生產，讓日本經濟從戰後的大蕭條重新振作起來。

工商業的都市居民人口快速增加。古代遺跡、度假勝地的愛琴海美麗島嶼都格外受歡迎，於是觀光業也大幅發展。

此外，希臘的海運業從以前就很興盛，由於海運事業的收入得以免稅，因此吸引了來自許多國家的船主來做生意。這個時期最知名的希臘船主就是斯塔夫羅斯・尼亞爾霍斯（Σταύρος Σπύρος Νιάρχος），他不僅靠著大西洋貿易賺進萬貫家財，也是知名的全球藝術收藏家、賽馬的馬主。

在二十一世紀的現在，希臘仍以擁有各種頂級的船舶著稱。

為爭奪島嶼再次對立

一九五〇年代中期，在英國統治的賽普勒斯島上，多數派的基督徒希臘裔居民，和穆斯林土耳其裔居民的矛盾愈演愈烈。希臘和土耳其也受到餘波影響，因賽普勒斯的歸屬問題而加深了對立。在土耳其的伊斯坦堡等地，土耳其人和希臘裔居民陸續爆發衝突。希臘政府請求聯合國出面協調，以避免與同為北約加盟國的土耳其直接開戰。另一方面，承襲希臘共產黨流派的民主左翼同盟，認為北約會妨礙希臘解決這個問題，於是大力批判北約，以贏得更多國民支持。

最後，英國、希臘、土耳其三國協商後，簽訂了倫敦－蘇黎世協議，確定賽普勒斯不屬於任何國家。於是在一九六〇年八月，「賽普勒斯共和國」成立。不過，希臘裔和土耳其裔居民的對立（賽普勒斯問題）仍持續延燒。

保守勢力失去政權

在賽普勒斯問題之外，希臘也因為經濟成長伴隨的物價飆升、占了國家預算三分之一的國防經費、政府打壓共產主義者而累積民怨。這股憤怒的矛頭也指向了王室，很多國民也不滿王室過度消耗國家預算。在這種社會狀況下，與民主左翼同盟保持距離、卻又批判卡拉曼利斯政府的中立派，以前首相兼有力的共和制支持者喬治奧斯・帕潘德里歐為中心，組成中央聯盟。於是，中央聯盟逐漸吸引到不滿政府的人民支持。

中央聯盟與承襲共產黨的民主左翼同盟相比，是較為穩健的政黨。但是，一直支持保守的卡拉曼利斯政府的君主制擁護者和軍人，認為屬於改革勢力的中央聯盟一旦崛起，就會危害自己的地位，因而提高戒備。於是在一九六一年十月的選舉中，支持政府的軍警、親美的保守勢力以暴力手段介入選舉。即使如此，開票的結果仍是中央聯盟成為議會的第一大在野黨。

支持政府的強勢保守派提高警戒，在一九六三年三月透過軍事相關人士，暗殺了民主左翼同盟的議員。同年，保羅一世夫婦決定出訪英國，但德國出身的王妃弗蕾德里克（Φρειδερίκη）被視為法西斯主義的支持者，引發希臘國內和英國的批評。卡拉曼利斯要求國王夫婦延後訪問卻遭拒，因而辭去首相。

此舉導致國民對王室和保守勢力的激烈譴責。同年十一月的選舉中，帕潘德里歐的中央聯盟勝選。卡拉曼利斯不僅與國王夫婦交惡，又輸掉選舉，最終流亡法國。

新國王是金牌得主

翌年一九六四年，帶領中央聯盟的帕潘德里歐獲得民主左翼同盟的協助，推動刪減國防預算、增加教育福利政策、特赦被右派政府逮捕的政治犯等措施。這時，他在美國當大學教授的兒子安德烈亞斯（Ανδρέας Παπανδρέου），也為了協助父親而回國，擔任中央聯盟的幹部。

仰賴民意支持的帕潘德里歐逐漸鞏固了政權後，對政壇有強大影響力的軍方，開始懷疑帕潘德里歐的改革會威脅到他們的立場。而且，政壇的保守派之間謠傳軍中有祕密的反政府組織，主謀就是安德烈亞斯。

帕潘德里歐更進一步推動改革，為了革新軍中的人事布署，而向國王提議讓自己兼任國防大臣。然而，在帕潘德里歐政府成立後的一九六四年三月才剛即位、未滿二十五歲的年輕新國王康斯坦丁二世（Κωνσταντίνος Β′），卻拒絕了他的請求。康斯坦丁二世是已故的保羅一世和弗蕾德里克的長子，也是著名的風帆競賽選手，曾在一九六〇年的奧運（羅馬大會）上獲得金牌。

與國王關係不睦的帕潘德里歐，在一九六五年七月辭去首相。之後短期內陸續有兩人就任首相，後來由中央聯盟幹部、效忠國王的斯特凡諾普洛斯（Κωνσταντίνος Στεφανόπουλος）擔任首相。但是，中央聯盟政府不僅譴責國王干政，內部也有多個政治勢力互鬥，導致政權動盪不穩。

流放國王

在政治動盪不停、選舉迫在眉睫的一九六七年四月二十一日，陸軍上校喬治斯・帕帕佐普洛斯（Γεώργιος Παπαδόπουλος）發起政變。因為許多軍官擔心帕潘德里歐率領的中央聯盟勝選而重新執政。康斯坦丁二世姑且先承認軍隊掌握政權，最終帕潘德里歐被軟禁在自家內，於一九六八年失意逝世。

帕帕佐普洛斯領導的軍政府為了贏得民心，推行維持物價、提高年金等政策，卻也限制言論和集會自由，逮捕反政府人士，並且禁止當時流行的男性長髮和女性迷你裙，透過教會強迫國民接受保守的基督教道德觀。

康斯坦丁二世擔心軍政府會危害到自己的地位，便與部分軍人和一般政治家聯手策劃推翻軍事政權，結果計畫失敗，只好逃亡到義大利。

之後，軍政府仍繼續打壓、拷問敵對人士，因而遭受西歐各國的撻伐。儘管如此，美國卻依然承認軍政府是希臘的合法政權。因為希臘在巴爾幹半島扮演自由主義陣營防波堤的角色，加上美國需要在希臘的美軍基地，才能支援友好的以色列。而希臘裔的移民後代、在美國的尼克森（Richard Nixon）政府下擔任副總統的阿格紐（Spiro Agnew），則是負責與希臘軍政府的協商事務。

軍事政權下問題重重

帕帕佐普洛斯在鞏固權力上已無後顧之憂，於是在一九七一年除了首相之外，也兼任外交大臣和國防大臣，翌年又兼任攝政。在經濟方面，帕帕佐普洛斯政府向國內外招募投資者，振興國內工業後，在一九七〇至七三年間達成了百分之三的經濟成長率。但是，一九七三年爆發的第四次以阿戰爭導致石油價格飆升，影響全球經濟，希臘國內也出現物價上漲的現象，使得原本良好的國內經濟又跌落谷底。在同一時期，希臘又因為愛琴海海底油田的開發，與土耳其發生領海糾紛。

軍政府引發眾怒，於是在一九七三年三月，雅典大學和希臘各地的大學發起反政府運動。五月，不滿政府的海軍軍官策劃叛變，但未能成功。帕帕佐普洛斯認定這場叛亂與康斯坦丁二世有關，隔月宣布廢除君主制，親自就任為總統。

一九七三年十一月，雅典理工大學發生由學生帶領的大規模暴動，政府出動武力鎮壓。在這之後，帕帕佐普洛斯體制便從政權內部開始逐漸瓦解。帕帕佐普洛斯的心腹、領導治安警察部隊的迪米特里奧斯・伊奧尼迪斯（Δημήτριος Ιωαννίδης）發起政變，軟禁了帕帕佐普洛斯並奪走實權，樹立全新的政府。伊奧尼迪斯打算加強鎮壓反軍事政權運動，並藉由併吞賽普勒斯來獲得國民的支持。

賽普勒斯自一九六〇年獨立以來，始終都是由正教會的總主教馬卡里奧斯三世（Μακάριος Γ）兼任總統，以避免基督徒希臘裔居民和穆斯林土耳其裔居民衝突的政策為施政方針。一九七四年七月，希臘軍政府支援賽普勒斯的希臘武裝集團攻擊總統。雖然馬卡里奧斯三世因此下野，但之後的發展卻出乎軍政府的預料。聯合國針對希臘軍政府干涉賽普勒斯內政一事召開安全理事會，美國僅止於口頭忠告，英國及其他國家則是強烈譴責希臘。擔心希臘占領賽普勒斯島的土耳其，以保護土耳其裔居民的名義，派兵先占領了賽普勒斯島北部。

因應賽普勒斯的動向，希臘和土耳其即將開戰的緊張氣氛一觸即發，因此軍政府決定出兵。可是卻有愈來愈多軍人拒絕出動，結果導致軍政府被迫移交政權。在軍政府統治時期流亡法國的卡拉曼利斯被選為新的文官政府領袖，回國就任首相。

一九七四年七月，英國、希臘、土耳其為了解決賽普勒斯問題而召開三方會談，但是沒有達成共識。八月，土耳其再度入侵賽普勒斯，北約卻未對此盡到任何職責。希臘決定將軍隊撤出北約以示抗議。

翌年一九七五年，土耳其裔居民為大宗的賽普勒斯北部，建立了以土耳其為後盾的政府，一九八三年宣布「北賽普勒斯土耳其共和國」獨立，但是直到二〇二一年都沒有獲得土耳其以外的國家正式承認。

民主政權再出發

卡拉曼利斯回到希臘後，便致力於推動國家民主化。一九七四年十一月，希臘舉行了睽違十年的選舉。卡拉曼利斯的民族激進聯盟改為新民主黨（ＮＤ）參選，成為第一大黨，建立新政府。卡拉曼利斯推動民主化，讓內戰時期非法的共產黨合法化，並透過一九七四年末舉行的公民投票，決定正式廢除君主制。依照翌年制定的新憲法，希臘成為共和國。失去王位的康斯坦丁二世流亡到英國生活。

一九七七年的大選，卡拉曼利斯率領的新民主黨再度成為執政黨，安德烈亞斯・帕潘德里歐率領的泛希臘社會主義運動（PASOK）成為在野第一大黨。相對於重視與自由主義陣營的關係、中立保守的新民主黨，泛希臘社會主義運動黨主張與大國保持距離的外交策略和激進的社會改革。此後希臘一直由這兩大黨輪流執政。

加盟歐洲共同體

卡拉曼利斯展開積極的外交政策，除了致力於改善與土耳其的關係以外，也讓希臘在一九八〇年成功回歸北約。

他還有一項外交的重大成果，就是加入英國、法國等西歐各國組成的歐洲共同體（ＥＣ）。他認為只要這件事成功，就能和西歐各國建立貿易和政治上的合作關係，對希臘有利。希臘原本預計在一九八四年獲准加盟，不過卡拉曼利斯的交涉進度提前，

希臘現行的政治體制

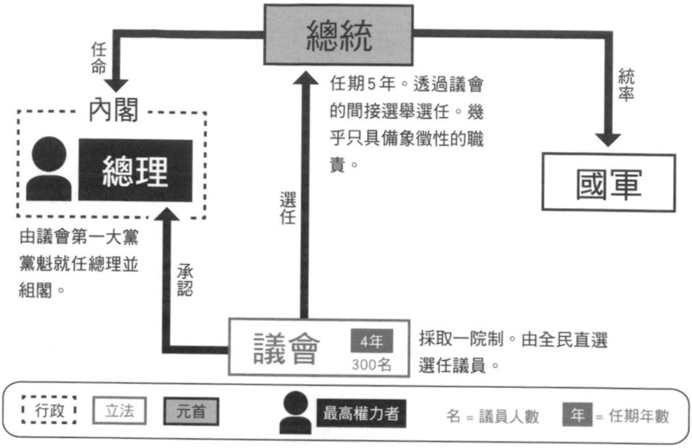

讓希臘在一九八一年一月成為歐洲共同體的加盟國。

卡拉曼利斯鞏固了這一連串外交政策的基本方針後，便辭去總理一職，在一九八〇年五月就任為總統。總統是透過議會的間接選舉選任的象徵性職位，行政是由領導執政黨的總理擔任。在這個政體之下，總理和總統可能分屬於不同的政黨。

在一九八一年十月的大選中，泛希臘社會主義運動黨勝選，帕潘德里歐成為總理。帕潘德里歐從以前就抗拒美國和西歐各國干涉希臘內政，但仍繼續保持和歐洲共同體的協調關係。他還為在內戰和軍事政權時期被逮捕的政治犯恢復公權、採納並推行國民健康保險制度，同時擴大女性的就業權益，推動各項改革，順利連任了兩屆總理。但是帕潘德里歐在一九八八年被調查出有貪污的嫌疑，後續更進一步演變成嚴重的醜聞，遭受國民撻伐，而後於翌年黯然下台。

西元一九七〇至一九八〇年代，希臘社會面臨了諸多變化。軍政府堅持使用正統希臘語作為官方語言，然而隨著民主政權復甦後，國內統一改以通俗希臘語為官方語言。除此之外，在帕潘德里歐執政的期間，希臘也廢除了新娘家族在結婚時必須給新郎家族高額嫁妝的習俗，其他女性權益還包括女性就業和離婚相關的限制。

馬其頓國名問題

在一九八〇年代中期，蘇聯開始進行內部改革（經濟改革），使得東歐各國人民對政府的不滿浮上檯面，共產黨政權陸續瓦解。聯邦國家南斯拉夫也在共產黨政權垮台後，從中央政府所在地塞爾維亞開始，成員國克羅埃西亞、波士尼亞與赫塞哥維納都紛紛獨立。一九九一年，希臘北部成立了「馬其頓共和國」。

希臘表態反對這個國名，因為希臘在紙幣上印刷亞歷山大大帝的肖象，認為古代馬其頓王國是希臘人引以為傲的一段歷史。不僅如此，馬其頓共和國的領土沒有和古代馬其頓王國重疊，而且人口有三分之二都是斯拉夫裔的馬其頓人。

國際社會顧及希臘的立場，在一九九三年承認以暫定的國名「南斯拉夫馬其頓共和國」加盟聯合國。之後，兩國在國名和國旗上依然糾紛不斷，直到二〇一九年才總算決定以「北馬其頓共和國」一名達成和解。

巴爾幹半島的變動不是只有國家的分裂獨立，還有共產黨政權時代壓抑的民族主義出現重新燃起的跡象。成功獨立的波士尼亞與赫塞哥維納國內，信仰東正教的塞爾維亞人、天主教的克羅埃西亞人，與信仰伊斯蘭教的波士尼亞人爆發了內戰。

冷戰後的課題

由於鄰國成為戰地，希臘對西歐的出口貿易變得困難重重。在一九九三年十月的大選後回任總理的帕潘德里歐呼籲相關各國平息內戰，但波士尼亞與赫塞哥維納的人民不斷內鬨，出現許多難民。不僅如此，因共產黨政權瓦解導致政治和經濟動盪的保加利亞和阿爾巴尼亞，也有許多難民湧入希臘，造成國際問題。

共產主義陣營的領袖蘇聯在一九九一年解體，成立新的俄羅斯聯邦，同時烏克蘭和摩爾多瓦共和國也分離獨立。在這段時期，居住在黑海沿岸地區、高加索地區、中亞等舊蘇聯領土內的希臘人後裔，也回到了希臘。不過，他們大多不諳希臘語，如何教育這些人和輔導就業，對希臘政府來說也是一大難題。

蘇聯解體意味著冷戰結束，但這也等於希臘和土耳其失去了共產主義這個共同的威脅，於是賽普勒斯問題及其他自古延續的糾紛又再度浮現。一九九七年，因賽普勒斯政府計劃配備俄羅斯製的飛彈，導致希臘和土耳其之間的緊張情勢一度升高。

冷戰結構解體衍生出新的紛爭和國際問題，同時，歐洲在一九九三年依照馬斯垂克條約（歐洲聯盟條約），成立了從歐洲共同體延伸而成的歐洲聯盟（EU）。

歐盟廢除了加盟國之間的關稅和出入境需要的證件查驗，一九九九年，開始在歐盟範圍內採用共同貨幣歐元。二〇〇一年，符合條件的希臘也獲准採用歐元，從此將國內通貨從德拉克馬改成歐元。

現代的希臘文化

二十世紀的希臘，有不少在藝術和科學領域都受到國際高度肯定的人物。

克里特島出身的作家尼可斯・卡山札基（Νίκος Καζαντζάκης），在法國研讀哲學，以基督教和希臘歷史為題材創作小說和詩歌。他根據自己在礦業的經歷寫的小說《希臘左巴》，在一九六四年拍成同名電影，在全世界蔚為話題。

士麥那出身的外交官兼詩人喬治・塞菲里斯（Γιώργος Σεφέρης），作品的特色是用希臘神話、古典世界的眼光描述現代人。作品有詩集《轉捩點》、《練習》、《航海日誌》等等，一九六三年榮獲諾貝爾文學獎。同樣身為詩人的奧德修斯・埃里蒂斯（Οδυσσέας Ελύτης），也在一九七九年榮獲諾貝爾文學獎。他受到前衛的超現實主義文學影響，發表許多以海洋、太陽為題材的作品，代表作包含詩集《有價值》、《方向》、《初升的太陽》等等。

電影導演泰奧・安哲羅普洛斯（Θεόδωρος Αγγελόπουλος），憑著描述在第二次世界大戰時期漂泊的藝術工作者歷程的《尤利西斯生命之旅》，贏得一九七五年坎城影展評審團大獎。另外，他還拍攝了《霧中風景》、《尤利西斯的凝視》、《永遠的一天》等許多關於希臘古典、神話世界和二十世紀希臘社會問題的作品。希臘也有在海外活動的巨匠，像是雅典出身的科斯塔・加夫拉斯（Κώστας Γαβράς）留學法國後，在當地成為電影導演，拍攝了《大風暴》、《戒嚴令》等作品，他以南美洲智利的政變為題材的電影《大失蹤》，獲得了奧斯卡金像獎最佳改編劇本獎，以及坎城影展金棕櫚獎。

在科學方面，醫師喬治亞・帕帕尼可羅（Γεώργιος Ν. Παπανικολάου）在癌症治療上取得重大成就。他從雅典大學畢業後留學德國，後來成為美國康乃爾大學醫學院教授，奠定了將細胞樣本染色的觀察手法。這個叫作巴氏抹片檢查的方法，現在仍是全世界通用的癌症診斷手法。

財政危機爆發

一九九六年，是現代奧運開辦後值得紀念的一百週年，因此希臘加入競爭主辦資格，但很可惜落選了。之後在二〇〇四年才終於舉辦了雅典大會（夏季奧運），會中有部分項目是在古代奧運的舉辦地奧林匹亞實施。

在舉辦雅典大會之際，希臘政府投入了一百億歐元（約一兆一千億円）建設體育場及其他相關設施。奧運結束後，這些設施仍需要龐大的經費來維護。

在二〇〇九年十月的選舉中，泛希臘社會主義勝選，安德烈亞斯的兒子喬治奧斯・帕潘德里歐（Γιώργος Παπανδρέου，與當過前首相的祖父同名）成為總理。帕潘德里歐對外公布前新民主黨政府隱匿巨額財政虧損的真相。根據調查，二〇〇九年對外估算的希臘財政赤字占國內生產毛額（GDP）的三・七%，但實際上多達三倍，是令人震驚的一二・七%。

希臘政府為了向國內外貸款而發行的國債（主權債券）失去了國際信用，價值暴跌。希臘政府開始擔心無力償還債務，加上前一年發生的全球金融海嘯，嚴重衝擊使用歐元的歐盟經濟體。此即歐洲主權債務危機。

不過，希臘的巨額財政赤字並非新民主黨一手造成，而是一九八〇年代以後歷代政府累積的結果。一九八〇年代的泛希臘社會主義運動黨政府不斷實施迎合民眾的政策，這些政策的財源都仰賴國內外的貸款，導致債務增加；加上泛希臘社會主義運動黨和新民主黨都聘雇支持者擔任公職，以博取國民支持，導致公務員人事費提高。二〇〇九年當時希臘的勞動人口有百分之二十一都是公務員。

歐盟和國際貨幣基金（IMF）、歐洲中央銀行為了重振希臘財政而進行金融支援，同時要求希臘縮減財政。於是，政府裁減公務員、縮小公共投資，並推動政府出資的公社和法人民營化。因為這些改革而失業、收入減少的人也很多，導致希臘國內對歐盟主要國家和國際機構更加反感。

邁向新生

喬治奧斯未能改善財政危機就直接讓歐盟和國際

當時的日本

在第一次大隈內閣成立的1898年翌年，希臘和日本簽署條約（日希修好通商條約），建立邦交。兩國在第二次世界大戰中曾一度斷交，之後又趁著日本簽訂舊金山和約時修復外交關係，於1999年迎來建交100週年。

貨幣基金介入內政，因而遭受國民譴責，在二〇一一年十一月辭任總理。之後，他聯合了原本對立的泛希臘社會主義運動黨，在兩黨同意下由前希臘銀行總裁帕帕季莫斯（Λουκάς Παπαδήμος）就任新總理。聯合政府為了控制支出而推行財政緊縮政策，但經濟成長率直到二〇一三年都是呈負值，景氣遲遲未能恢復。

二〇一五年以後，中東的敘利亞、伊拉克、北非的利比亞陸續發生政治動盪，內戰白熱化導致通過地中海、土耳其湧入歐洲的難民大增。他們大多從希臘登陸，使希臘政府和歐盟各國被迫因應這個問題。

在長年的經濟危機下，國民之間因希臘兩大政黨的無能而喪失信心。二〇一五年一月的大選中，由批判持續推動財政緊縮的執政黨新民主黨、歐盟與國際貨幣基金介入的新興勢力激進左翼聯盟（SYRIZA），在這次選舉中成為第一大黨，與提倡相同政策的保守派獨立希臘人黨建立聯合政府。激進左翼聯盟的黨魁阿萊克西斯・齊普拉斯（Αλέξης Τσίπρας）就任為總理。同時，在難民快速增加的背景下，主張排外的極右派政黨金色黎明黨的勢力也逐漸壯大。

二〇一六年起，希臘的經濟成長率開始緩慢回升，歐盟也結束金融支援，但希臘的國內景氣尚未完全恢復。二〇一九年七月的選舉中，新民主黨重新執政。希臘政壇的政治家大多有世襲傳統，一九九〇年代新民主黨出身的總理康斯坦蒂諾斯・米佐塔基斯（Κωνσταντίνος Μητσοτάκης）之子基里亞科斯（Κυριάκος Μητσοτάκης）出任總理。隨後二〇二〇年三月的總統選舉中，由前法官卡特琳娜・薩凱拉羅普盧（Κατερίνα Σακελλαροπούλου）當選，她也是希臘的第一位女總統。

雖然經濟混亂已經脫離了最大的危機，但現在的希臘依然面臨許多問題，像是持續與歐盟加盟國發生摩擦、難民流入、與土耳其等各個鄰國關係緊繃等等。不過，這些都不是到現代才衍生出的新問題，也不是希臘一國才有的問題。

如同這整本書所談的，自文明誕生於古代東地中海以來，希臘及其周邊地區都是在各種民族與宗教混合，不斷衝突卻又互相影響之下持續發展。現代希臘面對的問題也是這段經歷的延伸。希臘從古代開始，一直都是歐洲面臨各種問題的最前線。歷經如此悠久歷史的希臘人民，至今仍懷抱著這分榮譽，迎向接踵而來的困境。

從政為民的巨星女演員

梅利娜・梅高麗

Melina Mercouri

（1920～1994）

演技在海外也獲得高度肯定

希臘最具代表性的女演員梅利娜・梅高麗（Μελίνα Μερκούρη），是雅典出身的政治家的女兒。她就讀雅典戲劇學校，也是相當活躍的舞台劇演員。

梅利娜・梅高麗在1960年上映的愛情喜劇電影《痴漢豔娃》中，出演性格開朗又獨立的妓女，大受歡迎，還獲得坎城影展女主角獎。1965年上映的《機械鋼琴》中，梅高麗和日本女演員岸惠子同台演出。她在美國巡迴公演的期間，對希臘成立的軍事政權表達強烈的抗議，因而被褫奪公權。可是梅高麗並未因此屈服，她在國外持續推動反政府運動。

她在軍事政權瓦解後回國步入政壇，在1977年成為國會議員。梅利娜・梅高麗在安德烈亞斯・帕潘德里歐政府內擔任文化部長的任內，持續呼籲英國將大英博物館中展示的額爾金石雕歸還希臘。

祕密專欄

從古至今的奧運

古代的競技場上會點亮聖火

古希臘時代的奧林匹克運動會，和一八九六年延續至今的現代奧運之間有很多差異，但沿用的要素也不少。

首先，古代的運動會上沒有所謂的制服，出場的選手都是以全裸之姿競賽，而且有資格登上競賽場的僅限男性。

至於比賽的項目，短跑和摔跤是古代運動會和現代奧運都必備的項目，不過當然也有些古代的項目在現代已經廢除。其中一項就是馬戰車比賽，這是由兩匹到至多六匹馬拉著雙輪馬車賽跑的競技。除了內容以外，現代奧運的舉行期間大約為期兩個星期，不過古代的奧林匹克運動會卻頂多只會舉行五天。

在古代奧林匹克運動會中，會將橄欖枝編成的王冠送給冠軍得主，德爾菲舉辦的皮提

〈月桂冠〉

〈馬戰車比賽〉

在馬戰車比賽中選手會穿上衣服。

亞運動會則是贈送以月桂樹編成的王冠。但進入羅馬帝國時代後，月桂冠反而變得更知名，後世也納入現代奧運獎牌的設計當中。

古代奧林匹克運動會中，按照慣例，會在宙斯的祭壇上點燃聖火。近代奧運也效仿這段典故，從一九二八年的荷蘭阿姆斯特丹奧運開始點燃聖火，作為運動會的標誌。希臘的奧林匹亞神廟裡，會利用巨大的凹面鏡來反射陽光、點燃火炬作為聖火。

至於每逢賽事前夕便為全世界所關注的聖火傳遞儀式，其實是源自於雅典慶典中的火炬賽跑，從一九三六年德國柏林奧運首度展開接力傳遞聖火的儀式。

希臘的歷史 年表

這份年表是以本書提及的希臘歷史為中心編寫而成。配合下半段的「世界與日本歷史大事紀」，可以更深入理解。

年代	希臘大事紀	世界與日本歷史大事紀
〈西元前〉		
2600前後	邁諾斯文明興起	世界 建立吉薩金字塔（26世紀中葉）
1600前後	邁錫尼文明興起	世界 建立西臺帝國（17世紀中葉）
800前後	建立城邦	世界 希伯來王國分裂（10世紀上半葉）
776	古代奧運首度舉辦	世界 東周建國（770）
492	波希戰爭開始（～西元前449年為止）	世界 羅馬流放國王（509）
478	成立提洛同盟，雅典勢力壯大	世界 孔子去世（479）
431	伯羅奔尼撒戰爭開始（～西元前404年為止）	世界 羅馬制定成文法（450年前後）
404	雅典全面投降，斯巴達掌握霸權	世界 三家分晉（403）
371	忒拜取代斯巴達掌握霸權	世界 埃及創立第三十王朝（380）

337	成立科林斯同盟，馬其頓掌握霸權	世界 商鞅變法開始（359）
330	亞歷山大大帝消滅阿契美尼德王朝	世界 孔雀王朝成立（317）
3世紀後半	亞歷山大大帝的後繼者之爭結束	世界 阿育王即位（268）
146	馬其頓成為羅馬的行省	世界 漢武帝登基（141）
46／27	亞該亞脫離馬其頓行省、自立行省	世界 凱撒遇刺（44）
〈紀元〉		
2世紀	宙斯神廟落成	日本 奴國王遣使到中國朝貢（107）
330	君士坦丁堡成為首都	世界 尼西亞公會議（325）
393	廢除奧林匹克運動會	世界 日耳曼人大遷徙開始（375）
395	羅馬帝國分裂成東西二國	世界 僧侶法顯前往印度（399）
537	查士丁尼一世重建聖索菲亞大教堂	日本 佛教傳來（538／552）
726	利奧三世頒布聖像禁令	日本 遷都平城京（710）
9世紀前半	尼基弗魯斯一世推行財政改革	世界 查理曼加冕（800）
1204	十字軍攻陷君士坦丁堡	日本 承久之亂（1221）
1261	尼西亞帝國奪回君士坦丁堡	世界 鄂圖曼王朝成立（1299）

年代	希臘大事紀	世界與日本歷史大事紀
1453	東羅馬帝國（拜占庭帝國）滅亡	日本 應仁之亂爆發（1467）
1571	鄂圖曼帝國領有賽普勒斯島	日本 室町幕府滅亡（1573）
1687	帕德嫩神廟嚴重毀損	世界 簽署權利法案（1689）
1715	鄂圖曼帝國領有克里特島	日本 享保改革開始（1716）
1798	里加斯起草憲法	世界 法國大革命爆發（1789）
1800	七島共和國成立	世界 神聖羅馬帝國滅亡（1806）
1814	祕密組織友誼社成立	世界 維也納會議（1814～1815）
1821	希臘獨立戰爭開始	日本 頒布異國船打擊令（1825）
1832	各國承認獨立、希臘王國成立	世界 比利時王國獨立（1830）
1834	遷都雅典	日本 大鹽平八郎之亂（1837）
1862	將鄂圖一世流放海外	世界 南北戰爭爆發（1861）
1863	喬治一世即位	日本 薩英戰爭（1863）
1896	現代奧林匹克運動會在雅典舉辦	日本 簽訂馬關條約（1895）
1912	組成巴爾幹同盟，第一次巴爾幹戰爭爆發	世界 中華民國成立（1912）

1913	第二次巴爾幹戰爭爆發	世界 第一次世界大戰爆發（1914）
1917前後	以協約國身分參與第一次世界大戰	世界 蘇維埃政權成立（1917）
1924	公民投票廢除君主制	世界 發生土耳其革命（1922）
1935	君主制復辟	日本 二二六事件（1936）
1940	以同盟國身分參與第二次世界大戰	世界 第二次世界大戰爆發（1939）
1944	進入內戰（～1949年為止）	日本 接受波茨坦宣言（1945）
1950	參加韓戰	世界 印度共和國成立（1950）
1952	加盟北約	日本 簽署美日安保條約（1951）
1967	透過政變成立軍事政權	日本 舉辦東京奧運（1964）
1974	軍政府瓦解，民主政權成立	日本 沖繩返還（1972）
	賽普勒斯島分裂南北	世界 第一次石油危機（1973）
1981	加盟歐洲共同體（後來的歐盟）	世界 兩伊戰爭爆發（1980）
2002	將本國通貨從德拉馬克改成歐元	日本 日朝平壤宣言（2002）
2004	在雅典舉辦現代奧林匹克運動會	世界 伊拉克戰爭爆發（2003）
2010	發生歐洲主權債務危機	日本 發生東日本大地震（2011）

参考文献

『物語 近現代ギリシャの歴史』村田奈々子（中公新書）
『新版世界各国史17 ギリシア史』村田奈々子、桜井万里子編（山川出版社）
『ギリシャの歴史』リチャード・クロッグ著／高久暁訳（創土社）
『図説 ギリシア エーゲ海文明の歴史を訪ねて』周藤芳幸（河出書房新社）
『古代ギリシア遺跡事典』周藤芳幸、澤田典子（東京堂出版）
『古代ギリシア 地中海への展開』周藤芳幸（京都大学学術出版会）
『アテネ民主政 命をかけた八人の政治家』澤田典子（講談社選書メチエ）
『ギリシア文明とは何か』手嶋兼輔（講談社選書メチエ）
『ギリシア神話』エディス・ハミルトン著／山室静、田代彩子訳（偕成社）
『世界の歴史（5） ギリシアとローマ』桜井万里子、本村凌二（中公文庫）
『世界の歴史（11） ビザンツとスラヴ』井上浩一、栗生沢猛夫（中公文庫）
『図説世界の歴史（4） ビザンツ帝国とイスラーム文明』J.M.ロバーツ（創元社）
『十字軍大全』エリザベス・ハラム編／川成洋、太田直也、太田美智子訳（東洋書林）
『世界の歴史（15） 成熟のイスラーム社会』永田雄三、羽田正（中公文庫）
『興亡の世界史（10） オスマン帝国500年の平和』林佳世子（講談社学術文庫）
『スレイマン大帝とその時代』 A.クロー著／濱田正美訳（法政大学出版局）
『近代ギリシァ史』 C.M.ウッドハウス著／西村六郎訳（みすず書房）
『ギリシャ危機の真実』藤原章生（毎日新聞出版）
『図説 バルカンの歴史』柴宜弘（河出書房新社）
『オリンピックでよく見るよく聴く国旗と国歌』吹浦忠正、新藤昌子（三修社）
『世界伝記大事典』桑原武夫編集代表（ほるぷ出版）
『世界比較文化事典 60カ国』 T.モリスン、W.A.コナウェイ、G.A.ボーデン著／幾島幸子訳（マクミランランゲージハウス）
『岩波 西洋美術用語辞典』益田朋幸、喜多崎親編著（岩波書店）
『世界の食文化（9） トルコ』石毛直道監修／鈴木董著（農山漁村文化協会）

編輯・構成／造事務所
設計／井上祥邦（yockdesign）
文字／佐藤賢二
插畫／ suwakaho
照片／ <p4> Montipaiton/shutterstock.com <p5> Nicolas Economou/shutterstock.com
<p8> trabantos /shutterstock.com <p10> TTstudio/shutterstock.com

［監修］
長谷川岳男
1959年生於神奈川縣。現為東洋大學文學院歷史系教授。上智大學研究所文學研究科學分修畢，曾擔任外聘講師、鎌倉女子大學教育學院教授。專攻西洋古代史。

村田奈奈子
1968年生於青森縣。現為東洋大學文學院歷史系教授。東京大學文學院西洋史學系畢業，修畢東京大學研究所綜合文化研究科博士課程學分、紐約大學研究所博士課程。歷史學博士，專攻近現代希臘史。

極簡希臘史

出　　版／楓樹林出版事業有限公司
地　　址／新北市板橋區信義路163巷3號10樓
郵 政 劃 撥／19907596　楓書坊文化出版社
網　　址／www.maplebook.com.tw
電　　話／02-2957-6096
傳　　真／02-2957-6435
監　　修／長谷川岳男、村田奈奈子
翻　　譯／陳聖怡
責 任 編 輯／江婉瑄
內 文 排 版／洪浩剛
港 澳 經 銷／泛華發行代理有限公司
定　　價／350元
出 版 日 期／2023年3月

國家圖書館出版品預行編目資料

極簡希臘史 / 長谷川岳男, 村田奈奈子監修
; 陳聖怡譯. -- 初版. -- 新北市 : 楓樹林出版
事業有限公司, 2023.03　面 ;　公分

ISBN 978-626-7218-37-2（平裝）

1. 古希臘　2. 希臘史

740.212　　111022495